MICHEL RENOUARD

LIEBENSWERTES MORBIHAN

Für Evelyne Pacault.
M. R.

Übersetzung
BARBARA THOMAS

Photographies

YVON BOËLLE

ÉDITIONS OUEST-FRANCE

Der Hafen Kerroch bei Larmor-Plage.

© 1998 Édilarge S.A. - Éditions Ouest-France, Rennes

INHALT

Vorwort 7

Der Ruf der See 13

Das innere Morbihan... 39

Die Hochburgen des Morbihan... 77

Bibliographie 125

Inhaltsverzeichnis 126

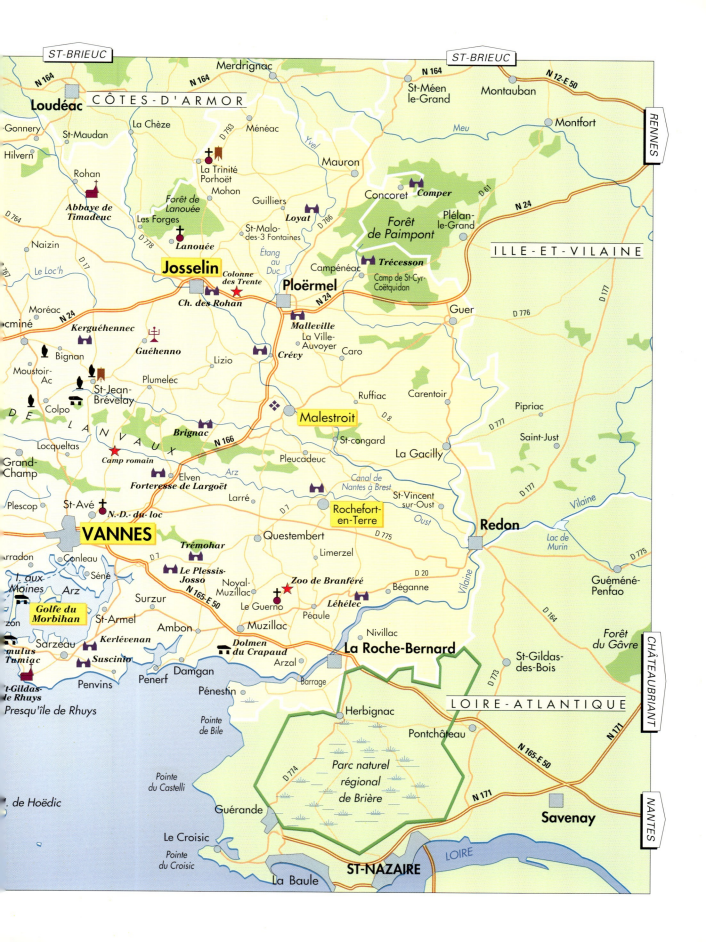

VORWORT

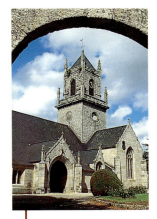

Langonnet : Kirche Saint-Pierre et Saint-Paul.

Linke Seite Halbinsel Quiberon : die Wilde Küste.

Oben : Le Faouët : Kapelle Saint-Fiacre.

Von den fünf Juwelen, aus denen die Bretagne besteht, ist das Morbihan vielleicht der unauffälligste. Er ist jedoch das einzige, das sich mit einem bretonischen Namen brüsten darf. Das einzige, das – dank Carnacs – in der ganzen Welt bekannt ist. Und auch das einzige, dessen Grenzen alle anderen Departements Armorikas berühren. Im Nordwesten erfährt es die rauhen Montagnes Noires. Im Süden findet es Vergnügen an den sanften Reliefs und dem Wohlgeruch des Salzes oder der Pinien. In seinen Marken wendet es sich vorzugsweise nach Quimperlé, Carhaix, Loudéac oder Redon als nach Vannes, seiner Hauptstadt.

Heide von Lanvaux.

Sainte-Hélène-sur-Mer : der Fluß Etel.

Guéhenno : Flachrelief an einem Haus.

Gewiß, das Gebilde des Morbihan ist eine Schöpfung jüngeren Datums. Es besteht erst seit der Französischen Revolution. Und es bedurfte des schönen Optimismus der Mitglieder der Constituante von 1790, um auf diese Weise in einem oberflächlich zugeschnittenen Departement so verschiedene Gebiete wie das Land Gourin oder die Halbinsel Rhuys zusammenzufassen. Die Absicht war nicht harmlos: durch die Zerstückelung der Halbinsel in fünf Departements verhinderte man, daß die Bretagne als solche anerkannt wurde. Zumindest ließ Paris stillschweigend ihre Existenz gelten, denn ihre Grenzen wurden aufrechterhalten.

Das Morbihan wird trotz allem als ein ausgefallener Komplex angesehen. Und ein Gelegenheitshistoriker wird gern das reiche Erbe für sich verbuchen, das zu diesem Gebiet gehört. Es gibt jedoch nichts Gemeinsames zwischen den Baumeistern der Megalithen, den Veneter Seefahrern, den ersten Bretonen oder den Chouans von Cadoudal. Nichts, und dennoch… Weil die Menschen seit Jahrtausenden hier gelebt haben, sieht der «Morbihaner» darin seine Vorfahren. Es spielt keine Rolle zu wissen, ob dieses Gefühl begründet ist. Würde denn etwas jemand wagen, einem Amerikaner italienischer oder polnischer Abstammung zu sagen, daß sein Vorfahr nicht auf der «Mayflower» war?

Dieses Departement hat vielleicht nicht den architektonischen Reichtum seines Nachbarn vom Ende der Welt aufzuweisen. Hier findet man nirgends eine solche Dichte von Meisterwerken, wie sie das Finistère kennt. Für den, der sie zu entdecken vermag, enthält dieses Land jedoch herrliche Kleinode: Le Faouët, Kernascléden, Quelven, Notre-Dame de la Houssaye, Josselin, Suscinio, Elven… Besonders die Kapellen sind hier überall wie Pilze auf der Heide aus dem Boden geschossen, denn oft vermag der Morbihaner am besten auf eine untergeordnete Art und Weise sein Glück oder

Vorwort

seinen Weltschmerz, seine Hoffnung oder seine Verzweiflung, seine Ablehnung Gottes oder seine Mystik auszudrücken.

Die Erde ist das Abbild seiner gequälten und einsamen Seele. Das Schachbrett der Bocages entspricht den Rundungen der Hügel. Hier gibt es keine Stadt, die sich nach allen Richtungen ausbreitet – wenn man vom Ballungsgebiet Lorient absieht, einer künstlichen Schöpfung. Sicher läßt sich in den bescheidenen Städten – wie Pontivy, Auray, Hennebont, Malestroit, Locminé oder sogar Vannes – der gedämpfte Charme des Morbihan am besten ermessen. Die Natur liegt immer in Reichweite, und der einsame Reisende kann lange das Heidegebiet von Lanvaux, den Wald von Quénécan oder das Tal des Blavet durchstreifen, ohne eine lebendige Seele anzutreffen. Hier braucht man im Sommer nur die großen Straßen zu verlassen, um verlorene Gegenden zu entdecken.

Und dann ist da ja auch noch das Meer, das – von der seichten Bucht von Le Pouldu bis zur Landspitze von Le Bile – mit dem Land sein Spiel treibt, in den Rias und im Golf faulenzt und dazu einlädt, die Anker zu lichten und zu den nahen Inseln oder dem entfernten Indien, zu diesem Orient aufzubrechen, der dem größten Hafen des Morbihan seinen Namen gegeben hat.

Das heutige Departement Morbihan hat eine Fläche von mehr als 7 000 km² und eine Bevölkerung von rund 591 000 Einwohnern. Es zählt 264 Gemeinden, von denen nur zwei (Lorient und Vannes) 40 000 Einwohner überschreiten. Aus wirtschaftlicher Sicht ist der Kontrast zwischen dem Innern (Arcoat) und dem Küstenstreifen (Armor) ergreifend.

Das Argoat ist weniger besiedelt und vorwiegend eine landwirtschaftliche Region. Die Anbauten von Futterpflanzen, Kartoffeln, Getreide und Weiden teilen sich den Raum, in dem durch die Flurbereinigung nach und nach die Bocage-Landschaft verschwindet. Seit über einem Jahrzehnt hat sich die Region – wie die übrige Bretagne auch – auf die Viehproduktion ausgerichtet, wobei die modernsten Techniken angewandt werden. Eine Nahrungsmittelindustrie hat sich hier entwickelt. Diese beginnt bei der Fabrikation

Die Montagnes Noires in der Umgebung von Gourin.

Treffléan : Kapelle und Kalvarienberg.

von Futtermitteln für die Tiere und geht bis zur Verarbeitung der Erzeugungen: Schlachthöfe, Pökelfleisch, Konservenfabriken (Beispiel: Pontivy).

Diese Tätigkeit ist von der des Küstenstreifens, dem Armor, nicht unabhängig, wo seit langem das Wesentliche des Produktionsapparates und der größte Teil der Bevölkerung konzentriert sind. Der Frühgemüseanbau, der Fischfang, die Austernzucht beweisen Dynamik. Und seit einigen Jahren hat sich der Hafen von Lorient mit sehr bedeutenden Einrichtungen ausgestattet, die in der Lage sind, die steigenden Mengen Soja und Maniok aufzunehmen, die aus Afrika und Indien kommen und für die Tierernährung bestimmt sind.

Das bedeutet einen zusätzlichen Trumpf für Lorient, der ersten Stadt des Departements, aber auch des ersten Industriezentrums, einer Garnison, des zweiten Handelshafens und zweiten industriellen Fischereihafens Frankreichs. Das Ballungsgebiet von Lorient (Lorient, Lanester, Plœmeur, Larmor-Plage, Guidel, Quéven, Gestel) kommt insgesamt auf 118 500 Einwohner. Mehr und mehr Lorienteser haben sich von den Siedlungen anziehen lassen, die in der Nähe der großen Stadt entstehen. Manche Gemeinden haben zwischen 1975 und 1982 einen beträchtlichen Bevölkerungszuwachs erfahren (+ 3 885 in Plœmeur, + 2 669 in Quéven).

Aus sprachlicher Sicht bildet das Morbihan eine ideale Stätte für Forschungen. Hier wird bretonisch in zwei Dialekten gesprochen: das Vannetais (Mehrheit) und das Cornouaillais (westlich des Flusses Ellé). Im Osten des Departements wird noch weitgehend das Gallo gesprochen, ein romanischer Dialekt. Die sprachliche Grenze Bretonisch / Französisch oder Gallo hat sich praktisch seit dem Ersten Weltkrieg nicht mehr verschoben. Aber – wer sollte das nicht bedauern? – das Bretonische wird immer weniger. Selbst im sogenannten Bretonisch sprechenden Gebiet ist es praktisch aus den großen Städten verschwunden.

Die sprachliche Landschaft ist nicht die einzige, die sich verändert. In der Bretagne haben die Bombardierungen im Zweiten Weltkrieg ganze Städte zunichte gemacht. Lorient und Hennebont sind sehr gezeichnet worden. Sie wurden mehr oder weniger glücklich wieder aufgebaut. Dann haben das Wachstum der städtischen und industriellen Bezirke, der Enthusiasmus für Feriendomizile, der Bau von Landwirtschaftsgebäuden den Raum nach und nach verändert. Die Randgebiete der großen Städte erheben ihre faden Mauerwerke aus bereits verwaschenem Beton. Und die geheimnisvollen Akronymen (Z.U.P., Z.A.C., Z.A.D....) verbergen oft beunruhigendere Realitäten, als die stupide Armut des Verwaltungsvokabulars.

Vorwort

Gewiß hat das Morbihan – vor allem im Landesinnern – weniger gelitten als die übrigen bretonischen Departements. Aber die Erfordernisse des Fremdenverkehrs – vor allem an der Küste – sind für die Bauträger ständige Versuchungen, denen sie lieber nachgeben. Und man konnte es in den letzten Jahren wieder einmal sehen, wie einen Steinwurf weit vom Strand entfernt unverschämt Betonmauern errichtet wurden. Die Schönheit der Ufer reicht nicht immer aus, um die herausfordernde Häßlichkeit mancher Bauten vergessen zu lassen. Zumindest lädt uns der Ozean ein, den Anker zu lichten und weit von dieser Erde, die von den Menschen verwundet wurde, die Klage des Meeres und das Rauschen des Unendlichen wiederzufinden.

Darstellung einer alten Hochzeit.

Der See von Guerlédan.

DER RUF DER SEE
ein auf das Meer hin offenes Land

Das Morbihan ist das einzige Departement Armorikas, das sich seit seiner Entstehung mit einem bretonischen Namen brüsten darf. Und das ist nur gerecht. Hier setzt sich das Meer über die Erde hinweg, faulenzt in den Rias und im Golf und lädt dazu ein, den Anker zu den nahen Inseln oder zum fernen Indien, zu diesem Orient zu lichten, der übrigens einem seiner Häfen seinen Namen gegeben hat.

RZON
32 km im S. von Vannes

Am äußersten westlichen Ende der Halbinsel Rhuys und am Eingang zum Golf des Morbihan verfügt die Gemeinde Arzon über gut 3 km Küste, was vielleicht ein Rekord ist! Hier findet man auch einige Überreste aus urgeschichtlicher Zeit, darunter den **Tumulus von Tumiac**, der auch Hügel Cäsars genannt wird (2 km östlich von Arzon). Vom Gipfel dieses kleinen Berges, der rund fünfzehn Meter hoch ist und einen Umfang von über 200 Metern hat, entdeckt man die Bucht von Quiberon und die Inseln. Im 1. Jahrhundert vor unserer Zeitrechnung soll ihn Cäsar zu seinem Beobachtungsposten gemacht haben, um die Schlacht zu beobachten, in der sich Veneter und Römer gegenüberstanden.

Der **Cairn von Le Petit-Mont** weiter im Westen ist höher (41 m). Ganz in der Nähe wurde in einer kleinen seichten Bucht ein Jachthafen angelegt, **Le Crouesty**. In wenigen Jahren wurde

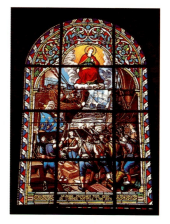

Die Kirche von Arzon : Glasfenster aus dem 19. Jahrhundert.

Linke Seite : Golf von Morbihan.

Le Crouesty.

Der Fluß Pénerf.

Cairn von Le Petit-Mont.

Beobachtungsposten für die Römer. Eine Römerstraße soll hier, von Vannes kommend, geendet haben. Danach war es ein bedeutender Hafen. Von der **Landspitze** von Port-Navalo aus entdeckt man die Inseln Houat und Hoëdic, die Halbinsel Quiberon und die Küste von Carnac. Im N. und N.O. hat man einen Blick über den ganzen Golf.

Das **Inselchen Meaban** 2,5 km im S.W. von Port-Navalo ist ein Vogelschutzgebiet (Zugvögel). Über die Insel Er-Lannic siehe Golf von Morbihan.

dieses Küstengebiet verändert, zur großen Freude der Baugesellschaften.

1,5 km im N.W. von Arzon steht die **Mühle von Pen-Castel** (17. Jh.), die heute ein Restaurant ist, sie bediente sich der Kraft der Flut. Vom Weiler **Kerners** aus kann man sich zu den Inseln des Golfs einschiffen.

In der **Kirche** (19. Jh.) von Arzon erinnern die beiden Glasfenster (1884) an das Gelübde, das 42 Seeleute im Jahre 1673 während des Holländischen Krieges der heiligen Anna ablegten. Jedes Jahr am Pfingstmontag überqueren die Seeleute den Golf und begeben sich nach Sainte-Anne-d'Auray, wo sie sich der Prozession anschließen.

Bevor **Port-Navalo** (im W.) zum Badeort wurde, war es, so sagt man, ein

BELLE-ÎLE-EN-MER
Vor Quiberon

Belle-Île ist die ausgedehnteste unter den bretonischen Inseln: rund 17 km lang, 5 bis 9 km breit, 80 km Küste, an der sich Klippen, kleine Buchten und Strände abwechseln. Dieser Block aus harten Felsen kippt nach Norden, wo die Küste flacher ist, während er zur See hin eine rauhe und unwirtliche Front bietet.

Die Insel umfaßt genau genommen vier Gemeinden: Le Palais, Bangor, Locmaria und Sauzon (dessen Name «der Engländer» bedeutet). Auf Bretonisch trägt sie den Namen Ar Gerveur, das heißt die

Der Ruf der See

Große, doch ihr alter Name bedeutete wirklich die Schöne.

Le Palais, die Hauptstadt (2450 Einwohner), wird von einer Zitadelle beherrscht, die in der Mitte des 16. Jahrhunderts errichtet, von der Familie Gondi vergrößert, von Fouquet und Vauban befestigt wurde, der die Insel im Jahre 1682 besuchte. Man findet hier heute ein Museum. Von hier aus kann man zur Landspitze von Taillefer gelangen, wo man ein herrliches Panorama über die Küste des Morbihan vor sich hat. Sauzon im N.W. liegt am Eingang eines gewundenen kleinen Tals. Von der Landspitze Les Poulains, die mit der Insel durch eine Sandzunge verbunden ist, entdeckt man die Skulpturen der Côte Sauvage (Wilde Küste), die von der Westküste der Insel gebildet wird. Die Landspitze Le Vieux-Château ist ein Vogelschutzgebiet (Möwen, Kormorane, große Möwen); diese war in der Eisenzeit ein befestigtes Kap.

Die Grotte de l'Apothicairerie im S.W. von Sauzon war einst von Kormoranen

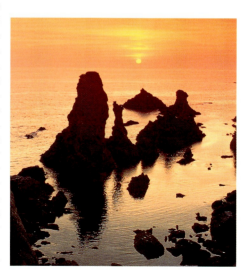

Belle-Ile : die Grands Sables.
Unten :
die Nadeln von Port-Coton.

Die Kartäuserkatze von Belle-Ile

Die Kartäuserkatze stammt sicher nicht ursprünglich von Belle-Ile : sie kam aus den Nahen Osten und traf im 16. Jahrhundert in Frankreich ein. Aber auf dieser Insel war es, die wegen ihrer herrlichen blaugrauen Katzen bekannt ist, wo man zu Anfang der dreißiger Jahre mit der Zuchtwahl der Kartäuser begonnen hat. Mignonne de Guerveur (nach dem bretonischen Namen der Insel), die aus der ersten Verbindung hervorgegangen ist, hat eine große Nachkommenschaft von Champions hervorgebracht.

Le Palais, die Hauptstadt.

bewohnt, deren Nester in den Spalten an den Wänden entlang aufgereiht waren, an die Glasbehälter in einer Apotheke erinnerten. An den Tagen, wenn Sturm herrscht, dringt das Meer in eine Art natürlichen Tunnel ein. Weiter im S. liegt der Strand Port-Donan, der von Klippen eingerahmt ist. Die Felsnadeln von Port-Coton sind gleichermaßen felsige Pyramiden, die von der Arbeit des Meeres scharf geworden sind. Die Grotte Le Talut kann man bei Ebbe erreichen.

Die Süd- und Ostküste lassen an Milde denken: die kleine seichte Bucht von Kérel, die bei Flut an einen See erinnert; die kleine seichte Bucht von Port-Herlin; der Strand von Les Grands-Sables, der von Überresten von Befestigungsanlagen gesäumt ist. In den Weilern, die sich in Geländefalten schmiegen, sind die weißen Häuser in Reihen aufgestellt. Bangor (735 Einwohner) ist ein zauberhafter Marktflecken. Locmaria (624 Einwohner) im S.O. schmückt sich mit einer kleinen rustikalen Kirche und einem schattigen Platz.

Der Ruf der See

Belle-Ile : Sauzon.

Die Landspitze Les Poulains.

Hervé Bazin in Damgan

Der in Angers geborene Schriftsteller Hervé Bazin (1911-1996) war der Sohn einer Morbihanerin. Er machte seine Schulausbildung in mehreren Lehranstalten des französischen Westens, darunter in Saint-Sauveur in Redon, wo er sein Abitur machte. Damgan ist ein idealer Ort, um seinen Roman *La mort du petit cheval* (Der Tod des Pferdchens, 1950) zu lesen. Hier war es nämlich, wo er an einem schönen Julitag die Liebe unter den Zügen eines jungen Mädchens kennenlernte (die ihn zu der Figur der Micou anregte).

BILLIERS
25 km im S.O. von Vannes

Auf einer Anhöhe, die den kleinen Küstenkanal von Billiers (kleiner Kanal zwischen den Salzgärten und dem Ozean) überragt, hatte Herzog Johann I. im Jahre 1250 die Abtei Notre-Dame von Prières gegründet. Bei seinem Tode (1285) wurde er in diesem Kloster beigesetzt.

Die Gebäude der Abtei sind seit langem verschwunden, und die Domäne von Prières wird heute von einem Nachkurzentrum und sozialem Wiedereingliederungszentrum der Landwirtschaft eingenommen; es gibt gerade noch ein paar Überreste.

Die Kapelle, die im Jahre 1841 mit einem Teil der Steine aus der Kirche erbaut wurde, birgt insbesondere das Grab des Herzogs Johann I.

Im S. von Billiers gelangt man zur Landspitze von Pen-Lan. Muzillac im N. ist ein großer Kantonshauptort, der wegen seiner landschaftlichen Schönheiten, darunter dem Teich von Pen-Mur berühmt ist. Seit 1987 ist die Papiermühle wieder in Betrieb.

DAMGAN
25 km im S.O. von Vannes

Dieser freundliche Badeort ist ein bißchen gealtert, als man hier zugehaue-

Mündung der Vilaine : Dolmen Le Crapaud (die Kröte).

Der Ruf der See

ne Steine entdeckt hat, die auf - 600 000 zurückgehen und die ältesten Überreste menschlichen Lebens in Armorika darstellen sollen.

Kervoyal, 2 km entfernt, in Richtung Vilaine-Mündung, hat den Sommerfrischlern seine sandigen Uferstreifen zu bieten. **Pénerf** (4,5 km von Damgan), das auf einer Halbinsel zwischen dem Ozean und der Mündung des Flusses Pénerf gelegen ist, bildet einen Hafen für die Schiffe. Die ersten Austernbänke des Morbihan wurden im Jahre 1858 in Pénerf angelegt.

Damgan-Pénerf.

TEL

16 km im W. von Auray

Etel ist gleichzeitig Badeort und Fischereihafen, vor allem bekannt wegen seiner Thunfischkutter und seiner Austernbänke. Nach dem Vorbild des Golfs von Morbihan nimmt der Fluß Etel die Ausmaße eines von Inseln übersäten Binnenmeeres an. Als Kontrast dazu zieht er sich an der Mündung wieder zusammen. Am Eingang der Flußmündung liegt eine Sandbank, die **Barre von Etel**, die den Schiffsführern manchmal Schwierigkeiten bereitet. Man nannte sie einst «Menschenfresserin»… Doktor Alain Bombard hat im Jahre 1958 die grausame Erfahrung gemacht.

Der Hafen von Etel.

Golf von Morbihan
Im S. von Vannes

Sainte-Hélène-sur-Mer.

Man braucht sich nicht weit von Vannes zu entfernen, um zauberhafte Stätten zu entdecken. Mit seinen 200 km Ufer, seiner Fläche von 10 000 Hektar und Dutzenden von Inseln bietet der Golf von Morbihan nämlich viele Möglichkeiten für Wanderungen und Kreuzfahrten. Die Sportbootfahrten sind jedoch nicht ohne Gefahr. Auch wenn der Golf so aussieht, ist er doch kein ruhiges Meer, und die Strömungen sind hier sehr heftig. Er ist eine Welt für sich, die ein unendlich mildes Klima genießt. Zehntausende von Zugvögeln kommen zum Überwintern hierher. Die Austernzucht ist eine der Hauptbeschäftigungen.

Seit Julius Cäsar hier eine Schlacht geschlagen hat, durchkreuzen immer noch Schiffe den Golf, um zu den Inseln des Binnenmeeres zu gelangen, das sich durch eine gefährlich Fahrrinne auf den Atlantik hin öffnet (bei den hohen Fluten 8 Knoten). Man kann nach **Conleau** im S.W. fahren oder auf die

Luftansicht des Golfs von Morbihan. Aufnahme Y. Legal.

Der Ruf der See

Halbinsel Séné im S.O., ohne den festen Boden zu verlassen. Eine große Zahl der Fischer des Golfs stammt von Séné. Früher setzten ihre «Sinagots» – vor rund fünfzig Jahren gab es davon noch nahezu 200 – voller Stolz ihre quadratischen Segel in blauer oder roter Farbe. Dieser wenig bekannten Gegend fehlt es weder an Zauber noch an Persönlichkeit.

Ein ganzes Stück weiter westlich liegt **Arradon**, eine der Hochburgen der Sportschiffahrt. Eine von Kiefern gespickte Straße mit seinem Namen führt bis zur Landspitze. Man sollte schon bei Morgengrauen hierher kommen, um die Sonne zwischen der Insel Irus und den **Inseln Logoden** aufgehen zu sehen. Ganz in der Nähe liegt **Larmor-Baden**, ein Fischereihafen und Badeort. An der **Landspitze von Larmor** kann man einen Tumulus und zwei Grabstätten besichtigen.

Der Golf birgt Dutzende von Inseln, aber die meisten sind nur von bescheidener Größe, und nur zwei haben den Status einer Gemeinde: die Île-aux-Moines (siehe unter diesem Namen) und Arz.

Die **Insel Arz** (300 Einwohner) ist ein Zufluchtsort für Rentner. Sie zählt gut 280 Einwohner (1982). Ihre Kirche – die erheblich umgebaut worden ist – ist zum Teil romanisch (11. und 12. Jh.).

Von Larmor-Baden kann man zur **Insel Gavrinis** übersetzen, auf der an einer Stätte aus der Jungsteinzeit herrliche Megalithendenkmäler stehen. Im südlichen Teil der Insel – die kaum 15 Hektar umfaßt – steht ein steinerner **Tumulus**, der einen Dolmen mit Kammer und Gang überdacht. Er ist einer der geräumigsten und der am besten erhaltenen; er hat an der Basis einen Umfang von 100 m und ist 8 m hoch. Die Stützen des Ganges (14 m lang) tragen eine Fülle von Skulpturen und Steinzeichnungen.

Die Insel Arz.

Im S. der Insel liegt das **Inselchen Er-Lanic** – es ist unbewohnt; es besitzt einen Kromlech in der Form einer 8, der aus 49 Menhiren besteht. Ein zweiter Komplex liegt heute unter Wasser.

Die **Insel Berder** westlich von der Île-aux-Moines verfügt ebenfalls über Megalithendenkmäler, die in das Grün eingebettet liegen.

Gavrinis.

Der Ruf der See

GROIX
Vor der Küste von Lorient

«Wer Groix sieht, sieht seine Freude», so behauptet das Sprichwort, das gern das Bild einer freundlichen, gelegentlich sogar nach Mittelmeer anmutenden Insel geben will. Habib Bourguiba, der sich hier zur Zeit der IV. Republik gegen seinen Willen aufhielt, teilt diese Meinung vielleicht nicht...

Die Insel ist rund 8 km lang und gut 2 km breit. Sie ist ein schwach hügeliges Plateau, das im Schutz hoher Klippen liegt, vor allem an der Südküste. Vom **Trou d'Enfer** (Höllenloch), einer gefürchteten Einbuchtung, bis zum Port Saint-Nicolas, einem kleinen zweispaltigen Fjord, kann man die Küste zu Fuß entlanggehen. Feine Sandstrände, die geschützt und ruhig liegen, erstrecken sich im O. Die Seeleute von Groix hatten sich auf den Thunfischfang spezialisiert, der einst, zwischen 1880 und 1950, von über 300 Thunfischfängern an Bord ihrer Ketsch betrieben wurde. Heute gibt es die Jagd auf den Weißen Thunfisch nicht mehr.

Seit 1952 steckt ein lebensgroßer Thunfisch auf der Wetterfahne des Dorfes **Loctudy**. «Ein Hahn wäre nur gut für Bauern gewesen!», so behaupten die Seeleute. Im Jahre 1984, wurde in Port-Tudy ein Heimatmuseum eröffnet.

Die Insel Groix ist von Weilern gesprenkelt, die in den Büschen vergraben liegen. In Kerloret erheben sich gegenüber einem von ihnen zwei Dolmen auf der Heide.

Wie auch Ouessant, ist Groix hauptsächlich von Frauen bewohnt, so daß bis vor wenigen Jahren ihr keltischer Kreis nur aus jungen Mädchen bestand. Die Insel entvölkert sich zugunsten von Lorient immer weiter.

Port-Tudy
(Sammlung Nelson Cazeils).

Groix :
der Hafen Saint-Nicolas.

Um 1820 gab es 5 800 Einwohner. Heute sind es kaum noch 2 600 (zumindest im Winter).

Die Kirche von Hoëdic.

Hoëdic.

Houat und Hoëdic
Vor der Künste von Quiberon, im O. von Belle-Île

Es gibt keinen Zweifel: auf Bretonisch bedeutet *houad* «Ente» und *hoadig* «Entchen». Dem Vergleich der Größe der einen und der anderen dieser beiden zweieiigen Zwillinge scheint diese Bedeutung zu entsprechen, aber in der Etymologie kommt der Zufall oft recht gelegen.

Die Insel Houat umfaßt heute ein paar Restaurants, Crêperien und ein oder zwei Hotels, was schon viel ist (im Jahre 1909 hob der Fremdenführer Conty hervor: «*Man kann im Pfarrhaus schlafen*».) Im Gegensatz zu anderen Inseln hat Houat kaum auf den Tourismus gesetzt. Die Betonverkäufer beklagen sich darüber, aber so hat die Insel einen großen Teil ihrer Echtheit bewahren können. Jahrhundertelang war die einzige Behörde hier der Pfarrer (der auch Tutor genannt wurde), der ganz offiziell sämtliche Verantwortungen trug! Dieses einzigartige theokratische System wurde Ende des 19. Jahrhunderts abgeschafft.

Houat ist 5 km lang, bei einer durchschnittlichen Breite von 1 300 m. Höchster Punkt: 31 m. Die Bevölkerung betrug im Jahre 1900 269 Einwohner, im Jahre 1968 457; im Jahre 1982 lag sie bei 390. Das Plateau ist bebaut, aber seit einem Jahrzehnt wird viel Hoffnung in die Hummerzucht gesetzt (im Jahre 1972 wurde eine Zuchtanlage gebaut).

Die rustikale **Kirche** ist, wie der Hafen auch, dem heiligen Gildas geweiht, der im 6. Jahrhundert auf Houat gelebt hat. Am

Hoëdic.

Der Ruf der See

Eingang des Friedhofs steht eine Stele. Die Häuser auf der Insel sind niedrig, gedrungen und manchmal mit Kalk geweißt. Man kann auch noch die Ruinen eines Forts besichtigen, die Reste der Einrichtungen des alten Hafens (der 1951 von einem Sturm zerstört wurde) und ein paar Megalithendenkmäler. Ein Sandstrand im O. erstreckt sich über 1,5 km.

Hoëdic ist nur 2,5 km lang und 1 km breit. Doch diese Insel war zu Beginn des Jahrhunderts dichter besiedelt als Houat (354 Einwohner im Jahre 1900), die Bevölkerung hat aber seither ständig abgenommen (220 im Jahre 1952, 147 im Jahre 1975, 126 im Jahre 1982). Auf der Insel kann man den **Dolmen de la Croix** (des Kreuzes) und den **Menhir de la Vierge** (der Madonna) besichtigen. Nahe bei der **Landspitze von Le Vieux-Château** sind 1930 archäologische Funde gemacht worden. Dabei wurden dreizehn Skelette ausgegraben. Die Knochen waren mit einer ockerfarbenen Substanz überzogen. Bei manchen Grabstätten wurden Hirschgeweihe gefunden. Den Forschern zufolge war dieser Schmuck die Garantie für eine Auferstehung. Dieser Friedhof aus der Mittelsteinzeit geht auf etwa 5500 vor unserer Zeitrechnung zurück.

ILE-AUX-MOINES
Vor Arradon und Larmor-Baden

Einem Sprichwort zufolge soll es auf diesem «Mor bihan» (kleines Meer) – das im allgemeinen Golf genannt wird –, so viele Inseln geben wie Tage im Jahr. Um auf diese Zahl zu kommen, muß man die Riffe und Inselchen mitzählen, von denen die meisten nur bei Ebbe auftauchen und die die Schiffahrt so schwierig machen (siehe Golf von Morbihan).

Die weitläufigste, die Île-aux-Moines (600 Einwohner), ist auch die reizvollste; das Meer, das ihre Ufer modelliert hat, hat ihr nämlich die Form eines Kreuzes gegeben. Sie hat eine sehr abwechslungsreiche Landschaft zu bieten: Strände oder Klippen an der Küste entlang, Bocage, Heide oder Wälder im Innern, und der Geruch von Tang vermischt sich mit dem Duft des Grases, des Farnkrauts und der Kiefern. Sie hat eine Fläche von etwa 310 Hektar und ist 6 km lang. Sie zählt 390 Einwohner (1982).

Bois d'amour (Liebeswald), Bois des Soupirs (Seufzerwald), Bois des Regrets (Wald der Schmerzen): das sind Namen, die zum Träumen verleiten. Die Philosophen können darin das chronologische Symbol jeden menschlichen Lebens sehen.

Der **Hafen Le Lério** nimmt Fischkutter und Jachten auf. Eine moderne Straße verbindet die Küste mit dem Dorf Locmiquel. Von der Terrasse, auf der die Kirche steht, sieht man das ruhige Wasser der Bucht und, mitten durch Tausende von Blättern, das **Herrenhaus von Guéric** (17. Jh., im 19. Jh. erheblich umgebaut). Es gibt hier

Oben : Einschiffung nach der Ile aux Moines.

Die Ile aux Moines.

Larmor-Plage : der Portalvorbau mit den Aposteln.

viel weniger Megalithendenkmäler als früher, aber man sollte sich den **Dolmen von Pen-Hap** (im S.) und den **Kromlech von Kergonan** ansehen, der mehr als 90 m Durchmesser hat.

Haben die Frauen der Île-aux-Moines ihre legendäre Schönheit... dem Untergang eines spanischen Schiffes zu verdanken, wie manche behaupten? Ob sie nun ihre klaren Züge von den Spaniern oder den Veneter geerbt haben – auf jeden Fall wurden die Inselbewohnerinnen von den bretonischen Dichtern besungen. Man darf sich durchaus verführen lassen. Seufzer und Schmerzen kommen dann später.

LANESTER
Im N von Lorient

Die Gemeinde ist noch jung : bis 1909 gehörte Lanester zu Caudan. Heute ist es die dritte Stadt im Departement (23 000 Einwohner) mit einer herrlichen Lage am Zusammenfluß von Scorff und Blavet. Es ist eine angenehme Stadt, in der es ein gut angelegtes Zentrum, einige Erinnerungen an die Ostindische Kompanie, Schiffswerften, Gezeitenmühlen und Brücken gibt (s. Lorient).

Larmor : Taufe der Courreaux von Groix (Sammlung Nelson Cazeils).

Guidel-Plage : zwischen dem Morbihan und dem Finistère.

Der Ruf der See

LARMOR-PLAGE
5 km im S. von Lorient

Der Badeort der Bewohner von Lorient wird nach und nach zum Wohnviertel der benachbarten Stadt. Die sehr hübsche **Kirche** (15.-16. Jh.) ist charakteristisch für einen gotischen Bau in der Bretagne, mit ihrem weitläufigen Dach aus Schiefer, das sie sehr tief einhüllt, ihrer flachen Chorapsis, ihrem seitlichen Portalvorbau, der sehr sehenswerte polychrome Apostelstatuen aufweist (1506) und schließlich dem massigen Turm (17. Jh.), von dem sie im O. flankiert wird. Das dunkle Kirchenschiff mit der ergreifenden Atmosphäre im Innern ist von einem holzgetäfelten Dachstuhl überdacht und von einfachen Arkaden auf kurzen Pfeilern eingefaßt. Dies ist ein schönes Beispiel des manieristischen Dekors, der zur Zeit der Gegenreformation in der Bretagne eingeführt wurde.

Eine alte Sitte ist hier noch sehr lebendig. Wenn ein Kriegsschiff Lorient für eine lange Seereise verläßt, grüßt es im Vorbeifahren Notre-Dame von Larmor mit einem Kanonenschuß. Die Kirche

Larmor : Fischersfrauen (Sammlung Nelson Caseils).

antwortet, indem sie die Nationalflagge hißt und die Glocken läutet.

Vom **Strand von Kernével** aus hat man einen schönen Blick auf die Zitadelle von Port-Louis, die die Einfahrt zur Reede von Lorient überwacht. Die Straße von Larmor nach Le Bas-Pouldu folgt der Küste über rund ein Dutzend Kilometer. Von Zeit zu Zeit sieht man die Abtragungskegel der Kaolinminen von **Plœmeur** aufragen.

Man durchquert kleine farbenfrohe Fischerhäfen, wie Lomener oder Kerroc'h. **Fort-Blocqué** verdankt seinen Namen dem Fort von Kergan, das auf einer kleinen Insel steht, die bei Flut

Ploemeur : das Fort-Bloqué.

Locmariaquer :
der Kaufmannstisch.

Einfahrt in den Golf von Morbihan.

abgeschnitten ist. Das Feriendorf **Guidel-Plage** ist ausgefallener als ein Beispiel für die Anpassung einer modernistischen Architektur in die Landschaft der Meeresküste. Das Dorf **Guidel** ist seit 1945 wiederaufgebaut worden.

Von der Straße nach Quimperlé aus entdeckt man die Stätte an der Brücke über die Laïta, die zwischen zwei schroffen Ufern dahinfließt.

Der Große zerbrochene Menhir.

Der Ruf der See

LOCMARIAQUER
40 km im S.W. von Vannes

Die Halbinsel Locmariaquer erstreckt sich zwischen der Bucht von Quiberon und dem Fluß Auray. Sie ist seit urgeschichtlicher Zeit bewohnt – was zur Genüge bewiesen ist. Es sind hier auch einige Überreste aus der Römerzeit und dem Mittelalter erhalten geblieben, darunter eine **romanische Kirche** (Ende des 11. Jh.), die zwar anziehend, aber stark umgebaut ist. Was den **Hafen** anbetrifft, so hat er mit seinen engen Gassen, durch die es sich so gut flanieren läßt, und seinen Restaurants, in denen man die flache Auster genießt (eine der Spezialitäten der Halbinsel), sowohl genügend Persönlichkeit als auch Reiz aufzuweisen.

Aber Locmariaquer, das ist vor allem – zusammen mit Carnac und der Insel Gavrinis – eine der megalithischen Hochburgen der Welt. Fast alle interessanten Denkmäler finden sich im östlichen Teil (zum Golf hin); die meisten lassen sich leicht ausfindig machen. Wenn man von Auray kommt, sieht man zuerst am Ortseingang den **Tumulus Mané-Lud** mit einer Dolmenkammer (man beachte verschiedene Steinzeichnungen, darunter das U-förmige Zeichen).

Weiter im S. (rechts, in Höhe des Friedhofs) erreicht man den **großen Menhir**; bevor er in vier Teilen zum Liegen kam, war er mit einer Höhe von über 20 m und einem Gewicht von 348 Tonnen der höchste bekannte Menhir. Manchen Forschern zufolge soll er den Mittelpunkt des astronomischen Systems des Morbihan gebildet haben; zweifellos ist er einem Erdbeben zum Opfer gefallen. Nur wenige Schritte entfernt steht der **Dolmen des Kaufmannstischs**, der einer der berühmtesten ist. Innen sieht man verschiedene Zeichnungen, insbesondere auf der Spitzbogenplatte im Hintergrund (Krummstäbe) oder auf dem letzten Stein der «Decke» (Axt).

Der **Dolmen von Mané-Rutual** weiter im S. umfaßt zwei Kammern; seine Tafel ist rund 17 m lang. Auch hier sind verschiedene Steinzeichnungen zu beachten. Wenn man in Richtung der **Landspitze von Kerpenhir** fährt, kommt man zum **Tumulus von Manéer-Hroëch** (12 m hoch) und dann, 1,5 km im W. des Weilers, zum Dolmen mit gebogenem Gang von **Les Pierres-Plates**. Er stammt aus der Zeit um 3000 vor unserer Zeitrechnung.

Elven : die Tri-Yann.

LORIENT
56 km im W. von Vannes

Lorient, das geschützt im Hintergrund seiner Reede liegt, in die der Scorff und der Blavet münden, ist ursprünglich dem bretonischen Lande fremd. Im Jahre 1666 entstand die Stadt L'Orient, wo die Schiffswerften eingerichtet wurden auf königliche Anordnung. Sie wurde bald der Sitz der Ostindischen Kompanie.

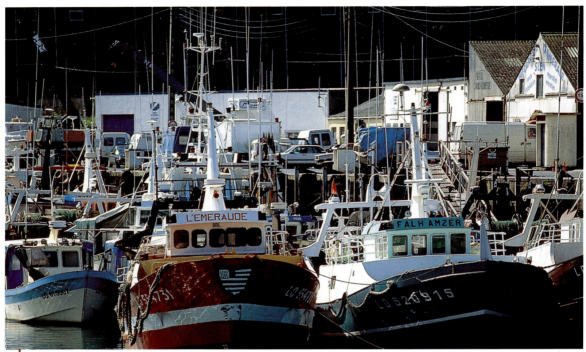

Der Fischereihafen von Lorient.

Ab 1719 widmet sich Lorient dem Handel und Warenverkehr mit exotischen Waren. Weitere Kompanien ließen sich hier nieder: die Kompagnie von San-Domingo, die Kompanie von Guinea... Aber der Verlust der Kolonien Mitte des 18. Jahrhunderts zieht den Verfall dieser Kompanien und dieses Hafens nach sich. Im Jahre 1770 läßt sich die königliche Marine in Lorient nieder. Seither hat sich die größte Stadt des Morbihan zu einem bedeutenden Militärhafen (Arsenale), Handelshafen (Kohlenwasserstoffe, Nahrungsmittel) und Hafen für industrielle Fischerei (1927) entwickelt, zum zweiten Frankreichs nach Boulogne. In Kéroman, hinter dem Fischereihafen, wurde der eindrucksvolle **U-Boot-Stützpunkt** angelegt, der von den Deutschen erbaut wurde.

Vom alten Lorient gibt es nur noch wenig: zwei Pavillons Ludwigs XV. – die von Gabriel für die Ostindische Kompanie erbaut wurden – und am Eingang des Arsenals La Royale gelegen sind; den Turm der Découverte (18. Jh.), der den Hafen beherrscht, und die beiden Pulvermühlen der Admiralität, in einem von beiden ist das Marinemuseum untergebracht. Nicht weit entfernt gibt es am **Quai des Indes** ein paar Stadthäuser der Ostindischen Kompanie, die das Dock säumen.

Die Stadt wurde nach den schrecklichen Bombardierungen, die sie im Jahre 1941 und bei der Übergabe der deutschen Garnison am 8. Mai 1945 zerstört hatten, wieder aufgebaut. Das Zentrum wurde nach einer etwas strengen Geometrie neu angelegt, aber der Tradition gemäß sind die Fassaden der Häuser immer noch strahlend weiß.

Der Jachthafen.

Der Ruf der See

Lorient, die sehr expansive Stadt, ist durch den **Flughafen von Lann-Bihoué** mit Paris verbunden (die neuen Abfertigungsgebäude stammen aus dem Jahre 1982).

Unter den Zeugnissen **zeitgenössischer Architektur** behauptet die Kirche Saint-Louis ihr weites quadratisches Kirchenschiff und die Kuppel, durch die sie Licht bekommt und die von vier Betonsäulen getragen wird (Fresken von N. Untersteller, X. de Langlais und H. Joubioux). Die Kirche Sacré-Cœur von Le Moustoir, im N.W. der Stadt gelegen, versammelt ihre Gläubigen unter dem großen Schieferdach. Die gelungensten Werke des Städtebaus sind zweifellos der Place Alsace-Lorraine im Zentrum, der Place Jules-Ferry, den ein Park schmückt und der im W. von der Rathausesplanade velängert wird und im O. vom Kongreßpalast und dem Dock.

Die große Siedlung **Lanester** im N.O. (3 000 Einwohner) ist nur durch den Scorff von Lorient getrennt. Die Brücke Saint-Christoph stammt aus dem Jahre 1960.

Von 16 000 Einwohnern im Jahre 1780 ist die Bevölkerungszahl Lorients um 1880 auf 19 300 und erreicht heute 61 600. Heute erlebt es einen gewissen Rückgang zugunsten des großen Einzugsgebietes. So ist **Gestel** im N.W. zwischen 1975 und 1982 von 758 Einwohnern auf 1 566 Einwohner angestiegen.

Jedes Jahr, im Laufe der ersten Augustwoche, spielt sich in Lorient das bedeutende gesamtkeltische Festival ab, bei dem viele Musikergruppen aus den keltischen Ländern zusammenkommen und das mit einem Wettstreit der «Bagadoù»

Port-Louis: das Trocknen der Sardinen (Sammlung Nelson Caseils).

beginnt. In der Nähe von **Plœmeur** wurde im Jahre 1981 ein **Konservatorium** für traditionelle Musik, Gesang, Tanz und Sport der Bretagne eingerichtet.

ORT-LOUIS
14 km im S. von Hennebont

Diese Stadt von rund 3 300 Einwohner an der Landspitze, die Wachtposten über die Einfahrt zur Reede von Lorient ist, war bis ins 17. Jahrhundert eine Festung und ein bedeutender Fischereihafen. Ihre Handelstätigkeit reicht bis ins Mittelalter zurück, aber sie erlebt vor allem ihren Aufschwung seit

Die Zitadelle von Port-Louis.

Indien und die Bretonen

Die Ostindische Kompanie wurde im Jahre 1666 von und Ludwig XIV. Colbert gegründet. Die zehn ersten Schiffe brachen im Jahre 1666 nach Surate im Norden von Bombay auf. Die Bretagne, das Land der Seeleute, Missionare und reiselustigen Menschen, hat durch Persönlichkeiten wie Dupleix, La Bourdonnais, Madec, Oberst Rémy, Alain Daniélou, Henri Le Saux Jean Sullivan und Irène Frain immer bevorzugte Beziehungen zu Indien unterhalten, die letztere wurde im Jahre 1950 in Lorient geboren.

Ludwig XIII. (dem die Stadt ihren Namen zu verdanken hat). Zu dieser Zeit wird die beachtliche Zitadelle befestigt, deren Bau im Jahre 1590 von den Spaniern begonnen worden war, die in den Religionskriegen zur Unterstützung der Katholiken gekommen waren. Sie wird im Jahre 1636 auf Befehl Richelieus fertiggestellt.

Unter Ludwig XIV. ist Port-Louis das wichtigste Handelszentrum der Westbretagne. Die ersten neun Direktoren der Ostindischen Kompanie wählen hier ihren Sitz, bevor sich die Kompanie im Jahre 1666 in Lorient niederläßt.

Die **Zitadelle**, die vom Meer umgeben ist, das ihre Basteien aus Granit peitscht, hält über die Fahrtrinne von Lorient Wacht.

Saint-Pierre-Quiberon : das Fort Penthièvre.

Sie ist in Frankreich das schönste Beispiel (in vollkommenem Zustand) der Militärarchitektur des ausgehenden 16. und beginnenden 17. Jahrhunderts. Heute sind hier das **Museum der Ostindischen Kompanie** und das **Atlantikmuseum** untergebracht. Am sandigen Uferstreifen entlang ziehen sich die Befestigungsanlagen hin (Mitte des 17. Jh.), von wo aus man einen weiten Blick auf die Reede von Lorient und die Insel Groix hat.

Im S. von Port-Louis, an der Spitze der Halbinsel **Gâvres** wurde im Jahre 1963 die gebogene **Allée Couverte** von Le Goërem entdeckt (2500 v. Chr.).

HALBINSEL QUIBERON
25 km im S. von Auray

Die Halbinsel Quiberon bekommt ihren Wert vor allem von der Westküste, die völlig zu recht **Côte sauvage** (Wilde Küste) heißt. Sie ist 9 km lang und 2 km breit und verfügt über zwei Gemeinden: Saint-Pierre-de-Quiberon und weiter im S. Quiberon. Man kommt über die Landenge von Penthièvre auf die Halbinsel, die einst von einem tiefen Wald überzogen war, in dem die Herren Hetzjagden veranstalteten.

Im Juli 1795 wurden achttausend Emigranten von der englischen Flotte an die Strände von Quiberon gebracht. Sie wollten der Französischen Revolution einen entscheidenden Schlag versetzen. Sie konnten jedoch nicht verhindern, daß sich Lazare Hoche in Plouharnel niederließ und sie über die gesamte Länge der Halbinsel verfolgte. Die Emigranten wurden vom Fort-Penthièvre nach Port-d'Orange, dann nach Saint-Julien, schließlich nach **Port-Haliguen** in wilde Flucht geschlagen, wo sie sich endlich ergaben.

Man sollte die vielen **kleinen Häfen** besuchen, die an der Halbinsel entlang aufgereiht liegen: Portivy, Port-Maria, wo die Schiffe aus Belle-Île anlegen und das Schnellboot von Houat und Hoëdic, sowie weitere «Häfen», die eher sandige Uferstreifen sind und in den Klippen der Côte Sauvage eingeschlossen liegen: Port-Guibello, Port-Pigeon, Port-Blanc, Port-Bara. Die Dünungen von der hohen See her brechen sich hier in mächtigen Wogen und den Felsen. Die eingekerbten Klippen sind von **Grotten** durchbrochen (Grotte de la Fenêtre, Grottes du Taureau) oder wie Bogen gebildet (Arche de Port-Blanc und von Kergroaz).

In Höhe von Kervihan wird die Böschung von kleinen stehenden Menhiren gebildet, die eine Ringmauer formen und aus der man eine Vielzahl von Vasen, Feuersteinspittern und Äxten ans Tageslicht gebracht hat.

Der Ruf der See

Nebenstehend rechts :
Quiberon : die Wilde Küste.

Port-Louis : die Sardinenarbeiterinnen
(Sammlung Nelson Cazeils).

Quiberon : Ankunft von Belle-Ile.

Nebenstehend links :
Zöllnerhaus.

2189. - Presqu'île de Quiberon. - Pointe et Plage de Portivy - La récolte du goëmon
Collection Villard, Quimper

Landspitze von Portivy: die Tangernte (Sammlung Nelson Cazeils).

Im S. von Saint-Pierre-de-Quiberon sind der **Kromlech von Kerbougnex** (25 m Menhire im Halbkreis) und die **Alignements von Saint-Pierre** (24 Menhire) zu finden.

Von Portivy nach Port-Maria kann man die zehn Kilometer Küste zu Fuß abwandern, von den Kämmen zu den sandigen Uferstreifen, von den seichten Buchten zu den Felsbuchten. An der felsigen kurvenreichen Küstenstraße im S., die zur **Landspitze von Le Conguel** führt (schöne Aussicht), steht das Thalassotherapiezentrum, das von dem Rennradchampion Louison Bobet gegründet wurde.

Der Leuchtturm von **Birvideaux** steht seit 1929 auf dem Unterwasserplateau im W. der Halbinsel. Wie es heißt, soll er die Stelle der verlorenen Insel Aïse angeben.

Diejenigen, die sich von dem Tumult an der Côte Sauvage erholen wollen, können sich die Ostküste vor der Bucht von Quiberon ansehen, an der es ruhige Wasser und geschützte Becken gibt.

Im W. von Penthièvre gab es auf dem **Inselchen Téviec** eine **Totenstadt** aus der mittleren Steinzeit. Hier wurden Knochen von Menschen, Hirschen, Rehen und verschiedenen Vögeln gefunden.

Wenn man die Halbinsel wieder verläßt, können die Liebhaber der Geschichte kurz vor Plouharnel noch das Museum der Chouannerie besuchen.

LA ROCHE-BERNARD
40 km im O. von Vannes

La Roche-Bernard, das auf einem Hügel über der Vilaine erbaut worden ist, genießt eine herrliche Lage, die man von der Hängebrücke (die den Fluß in 54 m Höhe überragt) oder von der Nationalstraße aus bewundern kann, die das Tal im O. durchschlängelt. Diese Lage war es übrigens, die im 10. Jahrhundert Bernhardt, einen normannischen Führer anzog, der sie entdeckt hatte, als er mit seinem **Drakkar** die Vilaine hinauffuhr. Er errichtete auf den Anhöhe der ersten Bergfried.

Quiberon: Port-Maria.

Der Ruf der See

Man kann in der Stadt noch **Häuser** aus dem 15. und 16. Jahrhundert sehen, vor allem am Place du Pilori und Place du Bouffay.

Im 17. Jahrhundert hatten die Werften von La Roche-Bernard einen so großen Ruf, daß Richelieu hier «La Couronne» erbauen ließ, es sollte das erste Linienschiff mit drei Decks sein. Eine Inschrift im kleinen **Hafen** der Stadt erinnert daran.

Ein **Museum** der maritimen Vilaine ist im Jahre 1986 im Schloß der Basses-Fosses (16. - 17. Jh.) eröffnet worden.

Auf dem anderen Ufer, 6 km von hier, steht die Gemeinde **Arzal**, die einem Staudamm von 380 m Länge seinen Namen gegeben hat. Dieser Bau hat aus der Vilaine-Mündung eine Wasserfläche von rund vierzig Kilometern gemacht.

Die **Kapelle Saint-Jean-Baptiste von Lantiern** (12. und vor allem 15. Jh.) unterstand einst dem Templerorden.

Die Gemeinde **Penestin** im S.W., die eine Art Halbinsel bildet, die im N. vom der Vilaine und im S. vom Ozean umspült wird, ist ein Badeort. Ihr weitläufiger Strand wird von rötlichen Felsen beherrscht, von wo aus man am Eingang der Mündung die Felsen der Trois-Demoiselles (Drei Fräulein) entdeckt. An der **Landspitze von Halguen** (2 km im N.W.), der Landspitze von Pen-

Enten am Ufer der Vilaine in La Roche-Bernard.

Die Brücken von La Roche-Bernard.

Lan gegenüber, verbindet sich die Vilaine mit dem Ozean. Der Hafen **Tréhiguier** 2,5 km flußaufwärts ist auf Muschelzucht spezialisiert.

SARZEAU

22 km im S. von Vannes

Sarzeau – das die Herzöge und Könige erlebt hat – ist nicht mehr, was es einmal war, auch wenn die Gemeinde im Sommer von Menschen nur so wimmelt. Abgesehen von einigen **Häusern** mit geschnitzten Dachfenstern aus dem 17. und 18. Jahrhundert, ist in der Stadtmitte kein bemerkenswertes Zeugnis ihrer Vegangenheit übriggeblieben. Die Kirche aus dem Jahre 1626 ist von begrenztem Interesse (man beachte die Statue des heiligen Isidor), ebenso wie die Gebäude des Hospitals, das im Jahre 1723 gegründet wurde. Aber ein paar Kilometer im S.O. ragt eines der schönsten Schlösser der Bretagne auf, die Festung Suscinio (siehe unter diesem Namen).

Das **Schloß Truscat** (1702) 1,5 km weiter im N., am Ufer des Golfs, wurde im 19. Jahrhundert umgebaut. Ein gutes Stück weiter im W. liegt der sehr reizvolle kleine Hafen von **Logéo**... und seine Austern sind hervorragend.

Kurz hinter der Ausfahrt von Sarzeau, an der Straße nach Vannes, sieht man auf der rechten Seite – kurz hinter dem Gutshof von Kerbot – die Ringmauer einer bedeutenden Besitzung. Es handelt sich um das **Schloß Kerlévénan** (Ende des 18. Jh.), das in weißem Stein aus der Touraine erbaut worden ist.

Pénestin : der Strand La Mine-d'Or.

Der Ruf der See

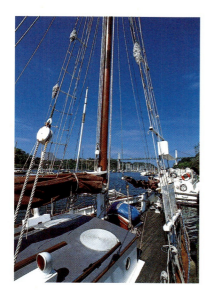

Vannes werden). Zur Fassade gehört ein vieleckiger Treppenturm. Das **Herrenhaus von Bonervaud** stammt aus dem 15. und 16. Jahrhundert.

Die **Kapelle Notre-Dame-la-Blanche** wurde im Jahre 1239 gegründet, ist aber in der nachfolgenden Zeit erheblich umgebaut worden. Die Westfassade stammt aus dem 18. Jahrhundert, ebenso der Altaraufsatz (1698) des Gotteshauses. Der Dachstuhl (1536) besitzt malerische Fußschwellen; die Pieta stammt aus derselben Zeit.

Nebenstehend links :
La Roche-Bernard :
der Jachthafen.

Kapelle Saint-Jean-Baptiste
in Lantiern bei
La Roche-Bernard.

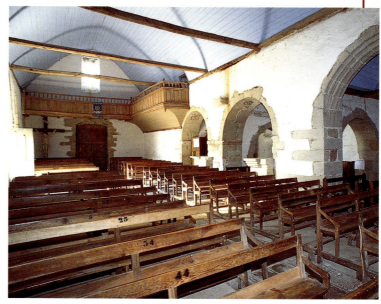

THEIX
10 km im S.O. von Vannes

Theix ist vor allem wegen seines **Schlosses Le Plessis-Josso** bekannt, einem eleganten Herrensitz vom beginnenden 16. Jahrhundert, der der Familie Rosmadec gehört hat (einer ihrer Söhne sollte im 17. Jahrhundert Bischof von

Im S.W. von Theix beginnt das östliche Ufer des Golfs von Morbihan. Hier handelt es sich um eine Gegend, die es wert ist, besser bekannt zu werden. **Noyalo** besitzt Salzgärten und heute vor allem Austernbänke; das Salz wurde hier bereits vor rund 2300 Jahren gewonnen. **Saint-Armel** ist gegenüber der Insel Tascon gelegen (durch eine steinerne Chaussee mit dem Fesland verbunden). Auf der Insel Bailleron in der Nähe steht eine Station der Meeresbiologie (Universität Rennes).

Staudamm von Arzal.

Der hinkende Teufel

Der Schriftsteller Alain-René Lesage (1668-1767) wurde in Sarzeau geboren, wo sein Vater königlicher Notar war. Nach seiner Schulausbildung in Vannes wurde er Advokat und dann Schriftsteller. Er ist insbesondere der Verfasser von *Der hinkende Teufel* (1707), von *Turcaret* (1709) und eines großen Schelmenromans *Gil Blas von Santillana* (1715-1736). Lesage war einer der großen Schriftsteller seiner Zeit. Heute wird er nur noch von zu wenigen gelesen.

Cléguérec : der Brunnen der Dreifaltigkeit.

DAS INNERE MORBIHAN
der verborgene Zauber verlorener Gebiete

Wo man auch sein mag, das Meer ist nie sehr weit entfernt, aber es gibt ein inneres Morbihan, das herber ist, als sein freundlicher Küstenstreifen. Hier gibt es keine Stadt, die sich nach allen Richtungen ausbreitet, aber vielleicht liegt es in den noch von Grün gesäumten Siedlungen mit menschlichen Ausmaßen, wo man die Milde des Morbihan am besten einschätzen kann. Man braucht nur die ausgetretenen Pfade zu verlassen, um sich ganz weit entfernt im Herzen verlorener Gebiete wiederzufinden.

LLAIRE

16 km S.O. von Rochefort-en-Terre

Allaire ist der große Hauptort eines Kantons (2 686 Einwohner), der unweit der Vilaine und des Arz gelegen ist. Man sieht hier drei Denkmäler, die von einigem Interesse sind: die Kapelle Sainte-Barbe an der Straße nach Saint-Jacut-les-Pins und das Schloß von Vau-de-Quip (15.-16. Jh.) und die **Kapelle Saint-Eutrope** (16. Jh.) an der Straße nach Questembert.

Dieses Gotteshaus im Spitzbogenstil scheint jedoch zwei romanische Fenster zu besitzen. Der Weiler Saint-Eutrope war einst sehr bekannt wegen seiner Jahrmärkte. Und die Gläubigen riefen Eutrope – den ersten Bischof von Saintes, wo eine Kirche seinen Namen trägt – gegen die Wassersucht an.

MBON

20 km im S.O. von Vannes

Die Gemeinde liegt in einer der kleinen seichten Buchten, die von dem Fluß Pénerf gebildet werden. Obwohl die **Kirche Saint-Cyr-et-Sainte-Juliette** im 15. und in der Mitte des 17. Jahrhunderts stark umgebaut wurde, ist sie romanisch. Man beachte die Fassade mit Widerlagern, das Geviert des Querschiffs (Kapitelle) und die Fenster des Abseiten.

Die anziehende **Kapelle Notre-Dame-de-Bon-Secours** (Unsere Liebe Frau von der Hilfe) steht im Weiler Brouel. Die Liebhaber alter Steine können auch den Überresten des Schlosses Trémelgon ihre Aufwartung machen.

Die Kirche von **Surzur** im N.W. wäre ohne ihre schreckliche Tünche anziehend; trotz der Umbauten aus der Zeit der Gotik und des 19. Jahrhunderts erkennt man romanische Elemente, darunter den Westgiebel (Ende 12. Jh.).

Brouel : die Kapelle Notre-Dame-de-Bon-Secours.

Allaire : die Kapelle Saint-Eutrope.

Auray : der Hafen Saint-Goustan.

URAY
18 km im W. von Vannes

Saint-Goustan.

Wie könnte man sich nicht vom Lande Auray verzaubern lassen, von seinem milden Klima und seinen Landschaften, dem Duft seiner Pinien und dem Charme seiner alten Bauernhäuser? Doch trägt die Gegend auch die Spuren vieler Tragödien.

Auray, das auf einem Vorgebirge gelegen ist (36 m), besaß einst ein Schloß, von dem nur noch einige Ruinen übriggeblieben sind. Man sollte die Kirche Saint-Gildas (17. Jh.) besichtigen, westlich von der Place de la République, wo das Rathaus steht (18. Jh.). Im Süden des Platzes steht die **Kapelle Père-Éternel** (Ewiger Vater, 1640). Man kann das **Haus der Geschichte** in der Rue du Jeu-de-Paume besichtigen.

Von dort aus bricht man zur **Promenade du Loch** auf, die den Fluß überragt. Über verschlungene Pfade gelangt man zu einer Brücke mit vier Bogen, die das rechte Ufer vom **Hafen Saint-Goustan** trennt. Dieser war jahrhundertelang einer der aktivsten in der Bretagne. Ein **Museumsschoner** ist in der Hauptsaison zu besichtigen.

Das innere Morbihan

Auray : Brunnen am Quai Saint-Martin.

Nebenstehend rechts : die Rue Saint-René.

Die Kirche Saint-Gildas : der Altar.

Neben einem Gotteshaus aus dem 16. und 17. Jahrhundert bietet der heutige Vorort einen Komplex alter Häuser (vorwiegend aus dem 15. Jh.) in der Nähe der Rue Saint-Sauveur.

Es ist nicht leicht, den **Weiler Kerléano** zu finden, wo im Jahre 1771 Georges Cadoudal, der Anführer der Chouans geboren wurde; von der Stadtmitte von Auray nimmt man am besten die Straße Carnac-Quiberon, fährt dann in Höhe des städtischen Schießplatzes links ab. Dann liegen das Herrenhaus und sein Mausoleum im neugriechischen Stil in 500 Metern Entfernung.

AUD
22 km im S. von Pontivy

Die Pfarrkirche ist genau genommen die ehemalige **Kapelle Notre-Dame de la Clarté** (Unsere Liebe Frau von der Klarheit, 16. Jh., stark umgebaut), die von denjenigen aufgesucht wird, die unter Augenkrankheiten leiden. In der Rue d'Auray kann man das Postkartenmuseum besichtigen («Cartopole»). Das eigenartigste Denkmal dieser Gegend ist aber eine

---

Georges Cadoudal
Der Anführer der Chouans Georges Cadoudal (1771-1804) wurde im Dorf Kerléano bei Auray geboren, wo sein Vater Grundbesitzer war. Die Französische Revolution setzte seiner Berufung zum Priester ein Ende, und er wurde bald zu einem der Hauptanführer der bretonischen Chouans-Bewegung. Im Jahre 1803 zettelte er die Entführung des Ersten Konsuls Bonaparte an. Nachdem er verhaftet worden war, wurde er vor Gericht gestellt und zum Tode verurteilt.

Die Venus von Quinipily.

Statue, die mitten in einem Feld steht, 1,8 km im S.W., an der Straße Baud-Lorient. Sie ist unter dem Namen **Venus-von-Quinipily** bekannt.

Es ist eine 2 m hohe Statue, die eine nackte Frau darstellt, deren Unterleib jedoch von einer Art Stola verdeckt wird. Die Stirnbinde um ihren Kopf gibt ihr ein ägyptisches Aussehen. Ihr Ursprung ist umstritten, man kann ihn nicht einmal zeitlich festlegen, denn sie wurde Ende des 17. Jahrhunderts neu zugeschnitten.

Wenn man von der Straße D 156 in die D 1 einbiegt, kommt man zu dem Weiler Castennec, dann zu der **Aussichtsterrasse** (124 m Höhe), von wo aus man ein weites Panorama vor sich hat. Auf diesem Vorgebirge stand einst ein gallisches Oppidum mit Namen Sulim.

Bignan : der heilige Georg mit dem Drachen.

Die Kirche von Bieuzy-les-Euax.

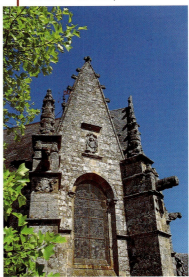

BIEUZY-LES-EAUX
16 km im S.W. von Pontivy

In der **Kirche** aus dem 16. Jahrhundert, die im 18. Jahrhundert restauriert wurde, wird die heilige Bieuzy verehrt. In dem Gotteshaus sieht man geschnitzte Fußschwellen (1560), drei Kirchenfenster von etwa 1575 und einen klingenden Stein, der ein Kultgegenstand war, bevor er zur Sehenswürdigkeit wurde. Nahe bei der Kirche steht ein **Brunnen** aus dem 16. Jahrhundert.

1 km entfert schmiegt sich die **Einsiedelei** unter einen Felsen, der den Blavet überragt, hier soll im 6. Jahrhundert der heilige Gildas gelebt haben. Die Stätte ist über aus reizvoll.

BIGNAN
5 km im S.O. von Locminé

Dieses Gebiet ist schon seit langer Zeit bewohnt, denn ihr wurden Überreste der Kultur des Acheuléen, Armbänder aus der mittleren Bronzezeit und Bestattungsurnen aus der Eisenzeit entdeckt.

Das innere Morbihan

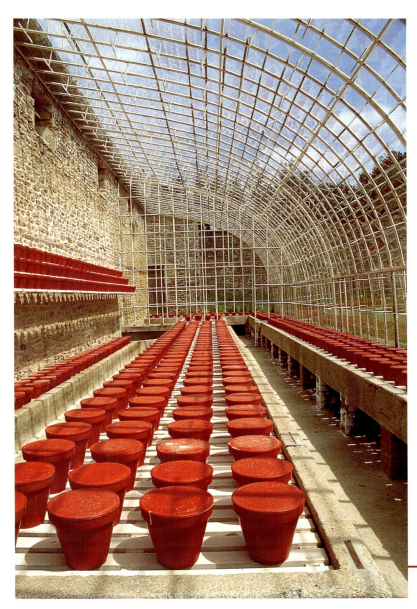

Kerguéhennec : das Kunstzentrum.

Das **Schloß von Kerguéhennec** (Anfanfg 18. Jh.) wurde von dem Architekten aus dem Morbihan, Olivier Delourme – der auch der Urheber der Kirche Saint-Patern in Vannes und des Schlosses Loyat bei Ploërmel ist, für den Bankier Hogguer, einen der Gründer der Ostindischen Kompanie erbaut. Es ist der Schloßtyp vom Ende der Regentschaft Ludwigs XIV.

RECH
8 km im N. von Auray

Die **Kirche Saint-André** hat nichts an sich, was die Aufmerksamkeit des Besuchers auf sich ziehen könnte. Dennoch hat dieses Gotteshaus ein **romanisches Kirchenschiff** (12. Jh.) aufzuweisen, dessen Kapitelle mit verschiedenen Motiven verziert sind:

Brech : romanisches Kapitell in der Kirche Saint-André.

Brech : das Feld der Märtyrer.

Blättern, Palmetten, Tieren und Atlanten. Die **Kapelle Saint-Quirin** (1676) im S. verfügt über einen polychromen, zweistökkigen Altaraufsatz.

Wir befinden uns hier im Lande der Chouans. Man könnte nach **La Chartreuse-d'Auray** fahren, wo die Überreste der Emigranten aufbewahrt werden, die hier im Jahre 1795 erschossen wurden. Das Mausoleum (1824) stammt von Augustin Caristie.

Nur wenig entfernt führt eine Allee zum **Feld der Märtyrer** (champ des Martyrs), dessen neoklassizistische Kapelle (1828) ebenfalls von Caristie stammt.

Auf dem Gebiet von Brech kann man auch das **Heimatmuseum von Saint-Dégan** 3 km vom Dorf entfernt, an der Straße nach Sainte-Anne d'Auray besichtigen. Der Besucher schließt hier Bekanntschaft mit dem ländlichen Wohnhaus, dem Handwerk und den Traditionen des Landes Auray.

Das innere Morbihan

2 km weiter westlich steht die **Zisterzienserabtei Notre-Dame-de-Timadeuc**, sie wurde im Jahre 1841 gegründet, aber ihre Hauptbauten sind jüngeren Datums.

Im S.O., hinter Les Forges, kommt man in den Wald von **Lanouée**. Die Kirche von Lanouée besitzt Altaraufsätze aus dem 17. Jahrhundert, die Reliquien der Heiligen Célestin und Gaudence und moderne Kirchenfenster. Die **Kapelle von Pommeleuc** enthält einen sehr sehenswerten restaurierten Altaraufsatz.

B RÉHAN
16 km im N.W. von Josselin

Dies ist der Ort, in den Johann von Rohan bereits im Jahre 1484 zwei Buchdrucker kommen ließ. Diese machten sich ans Werk und fertigten gegen Ende dieses 15. Jahrhunderts einige der ältesten und wertvollsten bretonischen Frühdrucke an. Der erste gedruckte Text war ein Gedicht über Unsere Liebe Frau.

B UBRY
20 km im S.W. von Pontivy

Pommeleuc bei Lanouée : Wallfahrt am 15. August.

Nebenstehend oben, Brech : Notre-Dame-des-Fleurs.

Nebenstehend links, Brech : das Mausoleum der Emigranten.

Bubry war einst wegen seiner Mühlen und Sägewerke bekannt. Seine Bevölkerung hat in den letzten Jahrzehnten stark abgenommen, und die Abwanderung nach Paris war beträchtlich. Viele Pariser Taxifahrer stammen aus Bubry.

Im Dorf kann man das **Pfarrhaus** besichtigen. Die Gemeinde verfügt über zwei Pfarrkirchen. Aber nur die **Kirche Saint-Yves**, 4 km im S. des Dorfes, ist interessant. Sie besitzt einen quadrati-

Bubry : die Kirche Saint-Yves.

Die Kapelle La Trinité in Cléguérec : der heilige Bartholomäus.

CALLAC
25 km im N.O. von Vannes, in Plumelec

Im 12. Jahrhundert lebten die Herren von Callac in einem Bergfried, den es heute nicht mehr gibt. Das heutige **Schloß** stammt vom Ende des 15. Jahrhunderts. Es wurde im Laufe der Jahrhunderte zur Residenz berühmter Familien der Bretagne.

Von der Straße aus, die sich durch den Wald schlängelt und vom Dorf Callac zum Schloß führt, erblickt man die rückwärtige Fassade, deren Mauern von vier runden Türmen mit spitz zulaufenden Dächern flankiert werden. Von dieser Seite aus hat das Schloß das imposante Aussehen einer Feudalfestung. Aber im Innenhof bietet es den Anblick eines Herrensitzes mit großen Giebelfenstern.

Callac, dieser einfache Weiler am Hang eines langen Schiefergrates, an dem sich das Heideland von Lanvaux hinzieht, ist stolz auf seinen **Kalvarienberg**, der neben der Kirche aufragt und dessen drei Figuren von einem Dach geschützt werden. Die Pfarrgemeinde ist sogar noch stolzer auf die Anlage eines **Kreuzweges**, der im Jahre 1958 fertiggestellt wurde und der ein Ort der Andacht oder ein Ziel für Spaziergänge ist.

schen Turm, der von einem Treppenturm flankiert wird und mit eine achteckigen Turmspitze gekrönt ist. Der ganze Komplex schwankt zwischen dem Stil der Spätgotik und der Renaissance.

Das **Schloß von Villeneuve-Jacquelot** in Quistinic (im S.O. von Bubry) stammt vom Anfang des 16. Jahrhunderts.

Nicht weit entfernt steht die **Kapelle Notre-Dame de Locmaria** aus derselben Epoche. Der restaurierte **Weiler Poul-Fétan** ist ein schönes Beispiel ländlicher Architektur; er nimmt im Sommer verschiedene Ausstellungen auf.

CAMORS
16 km im W. von Locminé

Der **Wald** von Camors erstreckt sich über 6 Quadratkilometer. Dieser Buchenwald, der sehr unter dem Orkan von 1987 gelitten hat, enthält die Überreste eines römischen Lagers und ein Alignement von Menhiren in schlechtem Zustand. Man kann in Camors eine Stele in Pilzform sehen, die in das Pfarr-

Das innere Morbihan

La Chapelle-Neuve : Fassade der Kirche und Flachrelief des Gotteshauses.

grundstück der Kirche eingelassen ist. Im Innern des Gotteshauses sind der Altaraufsatz in der Südkapelle (Enthauptung Johannes' des Täufers) und verschiedene Statuen bemerkenswert).

Im O., in **La Chapelle-Neuve**, steht die Kirche Notre-Dame de la Fosse, eine alte Kapelle aus dem 16. Jahrhundert.

Die Kapelle Notre-Dame des Fleurs im Weiler Locmaria ist ein rustikaler Bau aus dem 15. Jahrhundert. Im S. beginnt der Wald von Floranges, am westlichen Ende des Heidelandes von Lanvaux.

LÉGUÉREC
10 km im N.W. von Pontivy

Die **Kirche Saint-Guérec** (1843-1846) im neoklassizistischen Stil erweckt nicht unbedingt Begeisterung, aber die Gemeinde ist sehr reich an Kapellen. Keine davon ist belanglos, und die meisten enthalten Statuen, die oft sehr reizvoll sind. Das interessanteste Gotteshaus ist die **Kapelle der Dreifaltigkeit** (Chapelle de la Trinité) (16. Jh., im 18. umgebaut).

Der Kreuzweg von Callac.

COËTQUIDAN
40 km im W. von Rennes, in Guer

Am Ende des Zweiten Weltkrieges brachte die Befreiung die Militärschule Saint-Cyr nach Frankreich zurück. Durch die Zerstörung der «Alten Penne», die seit 1808 in Saint-Cyr bei Paris eingerichtet war, konnte die Spezialmilitärschule dort nicht wieder eingerichtet werden. Daher verlegte man sie im Jahre 1945 provisorisch in die Schule Bellevue-Coëtquidan, mitten in der bretonischen Heide, auf einem Plateau von 5 400 Hektar. Es war vor allem das Fehlen von weiten Übungsgeländen in der Nähe von Paris das dazu beitrug, daß die Regierung im Jahre 1959 den Beschluß faßte, die Schule endgültig hier wiederaufzubauen. Aber das erste Beispiel für die Benutzung Coëtquidans geht auf das Jahr 1843 zurück, als der Herzog von Nemours sein Lager auf dem westlichen Hang der Hügel von Le Thélin aufgeschlagen hatte.

Vom Camp aus überblickt man den Wald von Paimpont (siehe unter diesem Namen). Darin stehen drei Schulen: die Spezialmilitärschule Saint-Cyr, die Militärschule für alle Waffengattungen und die Militärschule für das Techniker- und das Verwaltungskorps. Es dient auch zur Ausbildung der Reserveoffiziersschüler der Infanterie.

Die **Kapelle Saint-Étienne** in Guer (die Straße nach Malestroit einschlagen, dann nach rechts in die V. 7 abbiegen) besteht aus einem rechteckigen Saal; man beachte das äußerste obere Ende des Ostgiebels (Verzierungen aus Ziegelstein). Sie ist die älteste Kapelle des Morbihan, denn sie soll aus der Karolingerzeit stammen (10. Jh.).

Elven-Largoët.

Das innere Morbihan

Monténeuf im Süden von Coëtquidan ist eine der großen Megalithenstätten der Bretagne (400 Monolithen).

ELVEN-LARGOËT
15 km im N.O. von Vannes

Die jungen Leserinnen fielen in Ohnmacht, als der Normanne Octave Feuillet in seinem «Roman eines armen jungen Mannes» (1858) Maxime, seinen Helden, hoch oben von den Türmen von Elven springen ließ. Hätte er dem jungen Mädchen, das mit ihm zusammen im Hauptturm eingeschlossen war und deren Ehre er retten wollte, einen größeren Beweis seiner Liebe – oder wie die Zyniker sagen, seiner Dummheit – liefern können?

Es ist über ein Jahrhundert vergangen, seit Octave Feuillet die Türme von Elven berühmt gemacht hat, die Überreste des ehemaligen Schlosses von Largoët, das Ende des 15. Jahrhunderts erbaut – oder besser gesagt wiedererbaut wurde. Mauerflächen von Kurtinen, die unter dem Laubwerk verschwinden, verbinden die beiden Türme mit dem **befestigten Tor** (15. Jh.). Das Innere des **runden Turmes** (15. Jh.) ist restauriert worden. Aus dem **befestigten Hauptturm** (Ende des 14. Jh.), einem riesigen Turm mit sechs Stockwerken sind die Fußböden herausgerissen worden, er ist nur noch eine düstere Stätte, durch die der Wind spukt. Das Bauwerk ist 44 Meter hoch, dadurch ist er einer der höchsten Bergfriede Frankreichs. Die **Kapelle** aus dem 15. Jahrhundert liegt in Ruinen.

LA GACILLY
15 km im S.O. von Rochefort-en-Terre

Die blumengeschmückte Gemeinde La Gacilly nimmt eine hübsche Stätte an den Ufern des Aff ein. Ihr Niedergang, der

La Gacilly.

Menhir von La Gacilly.

49

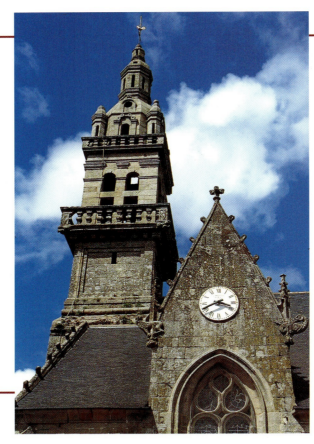

Gourin : die Kirche Saint-Pierre-et-Saint-Paul.

unaufhaltsam schien, konnte gestoppt werden; 1 700 Einwohner im Jahre 1881, 1 100 im Jahre 1954, 1 720 im Jahre 1975, heute 2 270. Dieser neue Lenz hat viel der Persönlichkeit ihres Bürgermeisters Yves Rocher zu verdanken (geboren 1930 in La Gacilly), der hier eine Fabrik für Kosmetikprodukte aufgebaut hat. Parallel dazu ist die Stadt eine Hochburg des Handwerks geworden (Bildhauer, Maler, Töpfer, Onyxdreher, Kunstschmiede, Glasspinner, usw.).

Man sollte den kanalisierten Oust überqueren, um weiter im S. nach **Saint-Vincent-sur-Oust** zu gelangen, das über ein bretonisches Kulturzentrum (Ti-Kendalc'h) verfügt. Die Île-aux-Pies (Elsterninsel) ganz in der Nähe ist ein hübscher Ausflugsort.

OURIN
25 km im S. von Carhaix

Gourin am Südhang der Montagnes Noires hat sich zwischen zwei kleinen Tälern, in etwa 150 m Höhe entwickelt. Meist fährt man nur durch den Ort hindurch, aber zu unrecht, denn die Stadt liegt im Herzen einer der verborgensten und daher echtesten Gegenden der Bretagne. Vielleicht auch einer der melancholischsten.

Dies war einst ein Zentrum der Schiefergewinnung. Aber diese Produktion wurde eingestellt, zugunsten der Schieferbrüche des Anjou und Spaniens... und des künstlichen Schiefers. Heute hat sich die Stadt der Landwirtschaft und Viehzucht zugewandt (friesische Rinderrasse, Schweine und Geflügel).

Aber Gourin ist auch ein Symbol: nämlich das der bretonischen Emigration nach Nordamerika. Die Bretagne hatte im 19. Jahrhundert eine große Bevölkerung und eine Bevölkerungsdichte, die über dem Durchschnitt des Landes Frankreich lag. Die Emigration war eine der Antworten, die die Bretagne auf die ländliche Überbevölkerung fand, besonders zwischen 1850 und 1914. Die Emigration in die Vereinigten Staaten (ab 1881) bleibt ein außergewöhnliches Phänomen, das ausschließlich die Gebiete von Gourin und Langonnet betraf. Noch heute sind die Gouriner in New York sehr zahlreich, besonders im Gaststättengewerbe. Auch in Kanada sind einige zu finden.

Die **Kirche Saint-Pierre-et-Saint-Paul** (15. Jh., Anfang 16. Jh.) hat an ihrer Südfassade eine Aufeinanderfolge von Giebeln von großem Reiz aufgereiht. Der quadratische Turm aus dem Jahre 1745 verjüngt sich in einer Renaissancekuppel, die von einer kleinen Laterne gekrönt ist.

In der Rue Jacques-Rodallec ganz in der Nähe steht ein Haus vom ausgehenden 16. Jahrhundert. Das Herrenhaus von

Das innere Morbihan

Conveau geht zum Teil auf das 15. Jahrhundert zurück. Die **Kapelle Saint-Hervé** im N.O. (16. Jh.) ist wegen ihrer Wallfahrten bekannt. Im Innern des Bauwerks ist in einem Kirchenfester aus dem 16. Jahrhundert und durch eine Statue, auf der auch Sackpfeifenspieler zu sehen sind, ein priesterlicher heiliger Hervé dargestellt. Die Wallfahrt der «Sonneurs» (Sackpfeifen- und Bombardenspieler) erlebt im Lande Gourin jedes Jahr die Meisterschaftskämpfe der Paare. Die Rennen der Wallfahrerpferde – die zwischen Saint-Hervé und Gourin veranstaltet wurden, sind zugunsten eines Radkriteriums aufgegeben worden! Die bretonischen Ringkampfturniere haben sich besser gehalten.

Im O. von Saint-Hervé steht die **Kapelle Saint-Nicolas** (16. Jh.), in der das Wappen der Gründerfamilie des Bauwerks vielfach vertreten ist. Die Chorapsis hat drei von Giebeln gekrönte Mauerflächen. Im Innern gibt es einen Altar mit Baldachin aus dem Jahre 1778.

GUÉGON
3 km im S.W. von Josselin

Diese ausgedehnte Gemeinde besitzt eine **Kirche**, die heute restauriert und deren größter Teil romanisch ist (12. Jh.). Man beachte die Westfassade, die Widerlager und mehrere Fenster mit Schießscharten. Die starken Säulen der Vierung, die im 13. Jahrhundert überarbeitet wurden, sind mit glattrandigen Blättern verziert, die in Kugeln enden. Nahe bei der Kirche stehen ein **Kalvarienberg** aus dem 16. Jahrhundert und eine winzige Totenlaterne.

Die **Kapelle Saint-Gildas** (3 km im S.W. an der Straße nach Guéhenno) ist nicht von architektonischem Interesse. Sie ist aber am Pfingstsonntag eine Wallfahrtsstätte.

GUÉMENÉ-SUR-SCORFF
20 km im W von Pontivy

Diese Stadt ist reich an Häusern aus dem 16. und 17. Jahrhundert. Die meisten davon säumen die Hauptstraße und den Place Bisson.

Die Kirche stammt aus dem 17. Jahrhundert. Vom Schloß, das zu Beginn des 11. Jahrhunderts gegründet und von Louis de Rohan im 15. Jahrhundert wiederaufgebaut wurde, gibt es noch ein Portal (15. Jh.) und ein paar Überreste einer vieleckigen Ringmauer.

Diese Gegend bildet das Land, das man Pourlet nennt – seine Einwohner sind die Pouleded... Man sollte auch nicht vergessen, daß Guémené die Stadt der Kaldaunenwurst ist!

Langoëlan im N. besitzt eine Kirche aus dem 16. Jahrhundert mit Beinhaus. Der elegante Glockenturm enthält eine durchbrochene Glockenkammer. Die Kirche von **Séglien** im N.O. (im Wesentlichen aus dem 19. Jh.) enthält einige Überreste eines früheren Bauwerks, darunter den Altaraufsatz aus Laval in der Chorapsis (Mitte des 17. Jh.).

In **Locmalo** im O. steht die Kapelle Notre-Dame de Kerlénat aus dem 15. Jahrhundert. Hier kann man Fußschwellen und verschiedene Statuen sehen. Das Herrenhaus von Ménoray ist ein Bau aus dem 17. und 18. Jahrhundert.

GUÉNIN
5 km im N.O. von Baud

Der **Hügel von Mané-Gwenn** (155 m) ist wegen seines Panoramas und seiner zwei Kapellen bekannt: Saint-Michel (19. Jh.) und vor allem Notre-Dame (Ende des 16. Jh.).

Im W., an den Ufern des Blavet, sollte man sich in Saint-Barthélémy die **Kapelle Saint-**

Guégon : Totenlaterne.

Park von Branféré:
Lemuren-
weibchen.
Photo A. Devez, CNRS.

Die Heide von Lanvaux.

Adrien ansehen (15. Jh.). Das Wasser der beiden Brunnen fließt unter dem Bauwerk und heilt Koliken.

LE GUERNO
12 km im S. von Questembert

Dieser sehr charakteristische Martflecken besitzt einen ausgefallenen Komplex an sakralen Denkmälern. Seine **Kirche** (1590) wird an der Nordfassade von einem zylindrischen **Turm** flankiert, der in einer Kegeldachpyramide endet. Die Südfassade weist ungefähr in der Mitte eine Außenkanzel auf.

Die Kirche hat die Form eines lateinischen Kreuzes. Sie endet im O. in einer halbkreisförmigen Apsis, in die drei Rundbogenfenster gebrochen sind; diese sind mit Glasfenstern geschmückt, die Szenen der Leidensgeschichte darstellen. Man beachte den kunstvoll gearbeiteten Tabernakel (16. Jh.), die Chorstühle aus Granit und die schöne geschnitzte Empore unten im Kirchenschiff.

Das **Schloß Branféré** im N.O. (17. Jh., stark restauriert) ist von einem zoologischen Garten von 50 Hektar umgeben. Dies war im 18. Jahrhundert bereits ein botanisches Reservat. Man findet hier rund 220 Tierarten, darunter bedeutende Kolonien von großen Maras, Känguruhs, Ibis und rund zwanzig völlig akklimatisierte Störche.

Ein gutes Stück weiter im O. nicht weit von der Vilaine entfernt, steht in Béganne das **Herrenhaus von Etier**, das Ende des 15. Jahrhunderts errichtet und im 16. und 17. Jahrhundert erheblich umgebaut wurde; man beachte den schönen vieleckigen kleinen Turm. In dieser Gemeinde steht auch das **Schloß Léhélec** aus rotem Schiefer und Granit aus dem 17. Jahrhundert. Die ehemalige Intendantenkammer ist in ein Museum für Möbel und rustikale Gegenstände umgewandelt worden.

GUILLAC
4 km im O. von Josselin

Die Schlacht der Dreißig war eine berühmte Episode im Kampf, in dem sich

Das innere Morbihan

im 14. Jahrhundert die Häuser Blois und Montfort gegenüberstanden, die beide über die Bretagne herrschen wollten. Dreiundzwanzig Jahre lang war Ploërmel das Streitobjekt zwischen den beiden Parteien.

Im Jahre 1351 wurde die Stadt von den englischen Truppen besetzt, die mit Jean de Montfort verbündet waren und von einem Abenteurer, Robert Bemborough angeführt wurden. Jean de Beaumanoir, Marschall der Bretagne, war für Charles de Blois Gouverneur von Josselin. Obwohl zwischen den beiden Parteien Waffenstillstand geschlossen worden war, plünderten die englischen Truppen die Bewohner auf dem Lande. Beaumanoir beklagte sich bei Bemborough, der kaum Höflichkeit walten ließ.

«Nun», so soll Beaumanoir gesagt haben, «nehmen Sie dreißig Engländer, ich nehme dreißig Bretonen, und dann werden wir sehen, wer das bessere Herz und die besseren Gründe hat». Man verabredete sich für den 26. März an der Eiche von Mi-Voie, in der Heide von La Croix-Helléan zwischen Ploërmel und Josselin. Es folgte eine blutige Schlacht. In deren Verlauf bekam Jean de Beaumanoir, der von seinem Blutverlust erschöpft war und sich über Durst beklagte von Geoffroy du Bois, einem seiner Gefährten, zu hören: «Trink dein Blut, Beaumanoir, dann vergeht dein Durst...».

Im Jahre 1819 wurde der erste Stein zum **Obelisk** gelegt, der auf der Heide von Mi-Voie aufragt. Er trägt heute den unerwarteten Namen: «Die Pyramide»!

INZINZAC-LOCHRIST
25 km im O. von Quimperlé

Die ehemalige Kirche besaß ein schönes romanisches Schiff aus dem 11. Jahrhundert, das aber im Jahre 1927 zerstört wurde, um einem anderen

Die Heide von Lanvaux.

Gotteshaus Platz zu machen. Es blieben gerade ein paar Säulen erhalten. Die enttäuschten Liebhaber romanischer Baukunst können nach **Calan** im N.W. fahren, wo noch eine Kirche aus dem 11. Jahrhundert steht (Anfang des 15. Jh. restauriert). Im Innern fallen vor allem die Arkaden des Querschiffs auf.

Im Industriegebiet kann man das **Heimatmuseum** besichtigen, das an die berühmten Weißblechschmieden von Hennebont erinnert (1826-1967). Sie zählten am Anfang des Jahrhunderts rund 1 650 Arbeiter.

LANDES DE LANVAUX
(Heidegebiet von Lanvaux)

Von Rochefort-en-Terre nach Baud, vom Blavet bis zur Vilaine erstreckt sich das Heidegebiet von Lanvaux, das 2 km bis 5 km breit ist und sich von O. nach W. über 85 km erstreckt, es bildet so einen Übergang zur Westbretagne. Diese wilde Gegend, ein langer Schieferkamm, der im Gehölz verschwindet, die Stechginster im Sommer und der Farn im Herbst, war lange Zeit unbebaut. Heute ist die Heide zurückgewichen und macht Anbauten, Kiefern und Kastanienbäumen Platz. Zwei Flüsse haben ihr Bett gegraben, der Arz und die Claie.

Es gibt nur wenige Dörfer. Man erreicht sie über Straßen, die früher nur Hohlwege waren und die durch die Täler

Erster feierlicher Aufmarsch in Waffen im zerstörten Ort Saint-Marcel. Sammlung des Museums.

Im Museum von Saint-Marcel, Nachbildung einer Straße zur Besatzungszeit. Aufnahme François Bertin.

Das innere Morbihan

führten, in denen die Herren ihre Festungen errichtet hatten: Rochefort-en-Terre, Elven-Largoët, Trédion, Callac (siehe unter diesen Namen).

In Bieuzy-Lanvaux, das heißt am westlichen Ende dieser Region, stehen die Überreste der ehemaligen **Abtei von Lanvaux**. Sie wurde im Jahre 1138 von den Zisterziensern gegründet, die von Bégard gekommen waren. Die Französische Revolution kündigte das Ende des Klosters an.

In jüngerer Zeit hat die Heide den Mitgliedern der Résistance als Zuflucht gedient. Anfang Juni 1944 landeten 500 Fallschirmspringer, die von Major Bourgoin angeführt wurden, in der Nähe von **Saint-Marcel** (3 km im S.W. von Malestroit). Mit der Hilfe von Tausenden von Bretonen widersetzten sie sich in den nächsten Tagen den Deutschen. Am Tage des 18. Juni fand eine geordnete Feldschlacht statt, die viele Opfer forderte. Ein **Museum** und ein Denkmal erinnern an diese Kämpfe.

Die Überfülle von Menhiren und Dolmen dürften die Liebhaber von **Megalithendenkmälern** überglücklich machen. Aber es ist schwierig, sie zu entdecken. Doch in der Gegend von **Saint-Guyomard** (im S.W. von Malestroit) sind Pfade beschildert. Das Schloß Brignac stammt vom Anfang des 16. Jahrhunderts, es besitzt noch einen dicken Eckturm aus dem 15. Jahrhundert.

LANVÉNÉGEN
8 km im SW von Le Faouët

Die **Kirche Saint-Conegan** (1508) besitzt ein Glasfenster aus dem 16. Jahrhundert (erneuert). Ihr Turm ist im Cornouailler Stil gehalten.

Die **Kapelle Saint-Urlo** (5 km im W. von Le Faouët) stammt aus derselben Zeit, und man beachte die Gemeinsamkeiten (Turm, Fenster der Chorapsis). Im Innern brechen Engel, aus den Fußschwellen hervor, die Insignien des Leidens Christi tragen. Drei Altaraufsätze aus dem Jahre 1698 sind mit Weinranken, Engelchen und Zweigen geschmückt. Der Brunnen ist mit einem weiten Becken eingefaßt.

Es gibt noch zwei Kapellen im N.W. und W. von Lanvénégen: Saint-Antoine und Saint-Éloi. Zwischen diesen beiden Gotteshäusern ragt der **Nonnénou** auf (235 m), er bildet einen interessanten Aussichtspunkt über diese ganze, kaum bekannte Region des Morbihan.

Guiscriff weiter im N. besitzt eine Kirche aus dem Jahre 1570 und eine sehenswerte Pieta aus Granit; der Kalvarienberg stammt aus dem 18. Jahrhundert.

Locminé : Reliquien des heiligen Colomban.

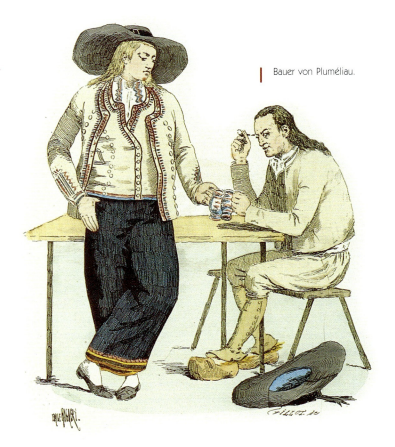

Bauer von Pluméliau.

Ein Pfarrer in der Nationalversammlung

Abbé Hervé Laudrin (1902-1977), eine urwüchsige Persönlichkeit, war der Sohn eines Bäckers. Nach seiner Schulausbildung in Vannes und Angers wurde er Priester... und Politiker. Ab 1958 war er mehrmals Abgeordneter des Departementes Morbihan, dann Bürgermeister von Locminé und Mitglied des Generalrats.

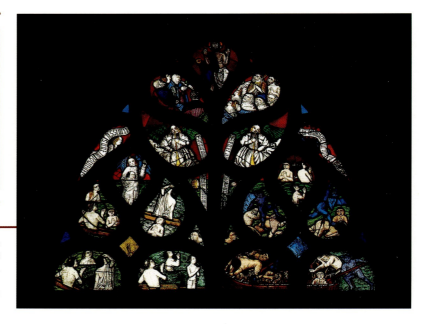

Melrand :
Glasfenster in der Kapelle Notre-Dame von Locmaria.

Nebenstehend unten :
Kalvarienberg von Melrand.

LOCMINÉ
28 km im N. von Vannes

Diese Stadt – wer wollte das bezweifeln? – ist stark vom Klerus beeinflußt worden; ihr Name bedeutet übrigens «Stadt der Mönche». Hier soll im 6. Jahrhundert ein Kloster gegründet worden sein... Trotz dieser religiösen Gegenwart sind die siamesischen Kirchen aus dem 16. Jahrhundert zerstört und im Jahre 1974 durch ein «funktionsgemäßeres» Gotteshaus ersetzt worden. Eine Entscheidung, die zu denken gibt...

Ein Volkslied hat den Ort berühmt gemacht:

Sont, sont, sont, les gars de Locminé
Qui ont de la maillette sens dessus dessous
Sont, sont, sont, les gars de Locminé
Qui ont de la maillette dessous leurs souliers !

MELRAND
16 km im S.W. von Pontivy

Der ausgefallenste **Kalvarienberg** der Gemeinde steht an der Straße nach Guémené. Er geht nur auf das Jahr 1827 zurück. Gott Vater und der Heilige Geist beherrschen das Kreuz. Die Köpfe der Apostel sind auf dem Stamm des Kreuzes zu sehen. Am Sockel sieht man Jesus, der sein Kreuz trägt, Jesus im Grabe und dahinter Jesus vor Pilatus (verstümmelte Szene). Ein zweiter Sockel ist mit Statuen jüngeren Datums der Madonna und des heiligen Johannes verziert.

Die Stätte Lann-Gouh, die Melrand und Bubry überragt, war ein **mittalterliches Dorf**, wahrscheinlich der ursprüngliche Marktflecken.

1 km im W von Melrand entdeckt man die **Kapelle von le Guellouit** (Ende 17. Jh.), wo der heilige Isidor verehrt wird. Man darf sich aber auf keinen Fall die **Kapelle Notre-Dame von Locmaria** 3 km im N.O. entgehen lassen (15. Jh.). Unweit der Departementalstraße 2 im N. steht die **Kapelle Saint-Fiacre** (15. Jh.), in der einer der wenigen Lettner der Bretagne erhalten ist.

MERLÉVENEZ
16 km im O. von Lorient

Wie auch andere Gemeinden im «Kessel» von Lorient, hat diese ebenfalls unter dem letzten Kriege gelitten. Jedoch

Das innere Morbihan

gibt es hier noch eine romanische Kirche, die zwischen 1946 und 1960 restauriert worden ist. Die Portale des Bauwerks sind romanisch; der Turm aus dem 14. Jahrhundert mußte wieder aufgebaut werden. Im Innern sieht man die Arkaden des Kirchenschiffes mit ihren fein verzierten romanischen Kapitellen.

3 km weiter im N. erreicht man **Kervignac**. Die Kirche Notre-Dame-de-Pitié (1958) hat schöne Kirchenfenster aus Glasplatten. Man kann hier auch einen Kreuzweg sehen, der Madame Delayre zu verdanken ist, sowie eine Statue der Apostel von Bernard des Abbayes.

Diese beiden Orte liegen am Fluß Etel in einer ruhigen Gegend mit flachen Ebenen, die mit Stechginster, Heidekraut und Kiefern bewachsen ist. Die ländlichen Siedlungen bilden noch hübsche Weiler mit stroh- oder schiefergedeckten Häusern aus Stein.

Die Kirche von Merlévenez

Der Roc'h Toul-Laeron.

Die Montagnes Noires
(Schwarze Berge)

Vielleicht ist es hier, wo man die wahre Bretagne findet – die verborgenste auf jeden Fall. Dennoch zieht sie weniger die Touristen an, die die markierten und überfüllten Straßen der Freude der individuellen Entdeckung vorziehen. Die Montagnes Noires sind genau genommen runde Hügel. Ihr höchster Punkt liegt bei 326 m am **Roc'h Tout-Laeron** im N. von Gourin, aber im Finistère; sie sind also viel niedriger als die Monts d'Arrée (384 m bei Tuchenn-ar-Gador).

Wie die Monts d'Arrée auch, bestehen sie vor allem aus hartem Sandstein und Quarzit. Die weiten Waldflächen, von denen sie einst bedeckt waren – daher stammt wahrscheinlich ihr Name – sind nur noch im Wald von Laz (Finistère) erhalten geblieben und in ein paar Gehölzen von geringerer Bedeutung. Und die Schieferbrüche, die ihren Reichtum ausmachten, haben von Trélazé (Anjou) und Spanien Konkurrenz bekommen. Die ehemaligen Steinbrüche gehören zu einer Touristenroute (die Rundfahrt der Steinbrüche), die in Gourin beginnt.

Die Montagnes Noires, die zwischen drei Departements hin- und hergezerrt werden, gehören insgesamt zum Lande Cornouaille, denn das Bistum Quimper streckte einst sehr weit seine Fangarme in Richtung N.O. aus. Gourin wendet sich übrigens lieber den «Glaziged» (Leuten des Landes Quimper) zu, als den «weit entfernten» Verwaltern des Morbihan.

Im W. von Gourin, in **Roudouallec** war es, wo die bretonische Emigration nach Kanada und den Vereinigten Staaten begonnen hat, denn diese Gegend war sehr arm. Wenn sie reich geworden sind, kommen die Rentner gern zurück in ihr Land. Dieses ist gleichzeitig vom Zusammenbruch der Demographie und der Emigration der jungen Leute betroffen. Manche Dörfer, wie sie so unter dem Schleier des Nieselregens und ihrer Patina aus Nostalgie liegen, scheinen wirklich von der Welt abgeschnitten zu sein.

Noyal-Pontivy
6 km im O. von Pontivy

Alphonse Marteville zufolge war Noyal-Pontivy bis 1839 – dem Zeitpunkt, als es aufgeteilt wurde –, «die größte Gemeinde der Bretagne» mit 13 547 Hektar. Sie zählte damals rund

Das innere Morbihan

8 000 Einwohner. Um 1880 hatte sie 3 200; im Jahre 1982 noch etwa 3 066... aber die Fläche beträgt nur noch 5 435 Hektar.

In der **Kirche** (15.-16. Jh.) sind noch ein Portalvorbau mit Figuren, die die Taufe Jesu und die Apostel darstellen, im S. ein restauriertes Kirchenfenster aus dem 16. Jahrhundert und ein Gemälde aus der gleichen Zeit, aber erheblich umgearbeitet, erhalten. Der elegante Turm stammt aus dem 15. Jahrhundert. Etwa 2 km entfernt entdeckt man einen Komplex aus **drei Brunnen** (17. Jh.).

In jedem Jahr findet Ende Juni in der **Kapelle Sainte-Noyale** eine Wallfahrt statt (2 km im N.W.). Im Innern dises Gotteshauses im Flamboyantstil (1423) – mit einem sehr sehenswerten Turm – kann man Fresken sehen, die die Geschichte der heiligen Noyale oder Nolwen erzählen. Ein Portalvorbau schützt eine Statue Unserer Lieben Frau mit den Blumen. In der Nähe steht eine Gebetskapelle. Zwischen den beiden Gotteshäusern bemerkt man ein Kreuz mit Figuren aus dem Jahre 1424. Der große restaurierte Kalvarienberg stammt aus dem Jahre 1871.

Ein gotischer **Brunnen** ist mit der Statue der heiligen Märtyrerin versehen, die ihren Kopf hält. Dazu muß man wissen, daß die heilige Nolwen von einem armorikanischen Stammesführer enthauptet wurde, weil sie seine Avancen zurückgewiesen hatte. Gelassen (sie war in Großbritannien geboren) setzte sie ihren Weg fort, den Kopf unter dem Arm, und legte mehrere Meilen zurück, bevor sie anhielt. Erschöpft gab sie sich schließlich dem Tode hin.

Der Wald von Paimpont

Etwa 20 km im N.O. von Ploërmel

Den Wald von Paimpont besichtigt man nicht, denn er spielt sein Spiel mit dem Fremden, wie der Wind mit einem Blatt, zieht ihn in Hohlwege, läßt ihn hun-

Die Kapelle Sainte-Noyale.

Brocéliande.

Nebenstehend unten: Das Schloß Comper.

dertmal seinen Weg verlieren, mit einem Wort: er verhext ihn. Wer dieser Verzauberung zu entgehen vermag und mit Hilfe von Generalstabskarten seine Waldschneisen durchstreift, seine Böschungen hinaufklettert, mit der Sicherheit eines Eroberers seine kleinen Täler hinunterstürzt, ist wirklich gewitzt. Brocéliande, diese unfaßbare Frau, läßt sich nur von denen lieben, die sich entschließen, ihr geduldig den Hof zu machen.

Paimpont, das 7 000 Hektar groß, an 14 Teichen und Tausenden von Sagen reich, stolz auf mehrere Schlösser ist, ist nur noch der Schatten dessen, was es einmal war. Man brauchte Jahrhunderte, um den Wald ein wenig zu roden. Die Römer, denen nichts widerstehen konnte, zogen eine Straße hindurch. Der heilige Judicaël gründete im 7. Jahrhundert hier das Kloster Penn-Pont, aus dem zuerst eine Gemeinde und dann die Abtei hervorgingen.

Es ist hier nicht möglich, eine detaillierte Route von all dem aufzuzeichnen, was im Wald von Paimpont zu entdecken ist. Aber für die, die mit ihm Bekanntschaft schließen wollen, geben wir ein paar der klassischsten Orte an – obwohl manche in Ille-et-Vilaine liegen…, aber hier mehr noch als anderswo sind die «Grenzen» künstlich!

Die Schmieden (forges) von Paimpont (in Ille-et-Vilaine) bilden mit ihren strohgedeckten Häusern, ihren Mühlen und ihren Brunnen aus dem 17. Jahrhundert ein malerisches Dorf am Waldrand.

Paimpont, auch in Ille-et-Vilaine (4,5 km im N.W. von Les Forges), liegt am Ufer eines Teiches. Die **Abteikirche** (13. Jh., im 15. und 17. Jh. erheblich umgebaut); es gibt ein paar romanische Überreste. Am Mittelpfosten des Westportals steht eine **Madonnenstatue** (Ende 14. Jh.), die nach normannischem Einfluß aussieht. Den **Abteigebäuden** (17. Jh.) fehlt es nicht an Größe.

Von Paimpont aus erreicht man (im O.) den **Teich von Le Pas-du-Houx**, der mit 86 ha der größte des Waldes ist. In der Ferne sieht man das **Herrenhaus von Brocéliande** liegen. Der **Haute-Forêt**, 3,5 km im N.W. von Paimpont, ist das interessanteste Gebiet, denn der Hochwald erreicht hier bis zu 25 m.

Das **Schloß Comper** liegt weiter im N., 3 km östlich von **Concoret**. Unter den fünf Schlössern, die in der Geschichte des Waldes eine wesentliche Rolle gespielt haben, hat Comper als einziges überlebt. Es wird nämlich angenommen, daß es Comper bereits im 10. Jahrhundert gegeben hat. Aber die Festung hat viele Schicksalsschläge hinnehmen müssen, und das Herrenhaus, das man heute sieht, soll genau genommen aus der zweiten Hälfte des 14. Jahrhunderts stammen. Zumindest was das Fundament betrifft, denn das Schloß, das im Jahre 1598 geschleift und während der Französischen Revolution abgebrannt wurde, wurde erst 1870 wiederaufgebaut.

Von Comper aus schlägt der Besucher die Straße nach Concoret ein und von dort fährt er nach S.W. in Richtung Tréhorenteuc. Aber kurz hinter La Saudrais sollte er am Weiler Folle-Pensée anhalten, um zu Fuß zum **Brunnen von Barenton** hinunterzugehen (1,6 km), dessen Wasser eine gleichbleibende Temperatur von 10° hat. Lange Zeit wurde ihm für die Behandlung der «Râche» Heilkraft zugeschrieben. Daher brachte man die Kinder hierher und badete sie im Wasser des Brunnens. Es wurde auch für die Heilung von Geisteskrankheiten angewandt. Ganz in der Nähe leiteten die Druiden das psychiatrische Hospital von **Folle-Pensée** (Wahnsinniges Denken), und man darf ohne Übertreibung sagen, daß Barenton das erste bretonische Charenton war (1).

Tréhorenteuc : Glasfenster der Ritter von der Tafelrunde.

Wenn man das Wasser dieser Quelle auf die **Freitreppe Merlins** gießt, wird ein Sturm ausgelöst: Wind, Regen, Hagel, Blitze und Donner. Dann beruhigt ein Sonnenstrahl das Unwetter, und eine Vielzahl von Vögeln erfüllt die Atmosphäre. Man darf durchaus den Versuch machen.

Die kleine Kirche von **Tréhorenteuc**, 5 km von Barenton entfernt, ist eine Welt für sich, denn die christlichen und heidnischen Symbole verbinden sich auf seltsame Weise

(1) Altes psychiatrisches Hospiz bei Paris.

> **Der gute Pfarrer von Tréhorenteuc**
>
> In der Kirche von Tréhorenteuc kann man das Mosaik mit dem weißen Hirschen von Brocéliande sehen (von Jean Delpech), welcher der Legende zufolge Christus am Brunnen von Barenton darstellt. Die erstaunlichen Bilder des Kreuzwegs wurden in den Jahren 1966-1967 von Karl Rezabeck, einem Deutschen angefertigt, der sich für seine Figuren vom Pfarrer von Tréhorenteuc, den Pfarrkindern oder dem deutschen Kunsttischler Peter Wisdroff inspirieren ließ. Das große Glasfenster des Chores stammt von Gruber. Abbé Henri Gillard (1901-1979), der gute Pfarrer von Tréhorenteuc, hat in diesem Gotteshaus, das er restaurieren ließ, seine letzte Ruhestätte gefunden.

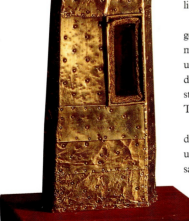

Abtei von Paimpont : Reliquienarm.

miteinander. So sieht man zum Beispiel in der neunten Station des Kreuzwegs die sinnenfreudige Morgane! Ein Bild stellt die Erscheinung des Heiligen Grals vor den um den König Artus versammelten Rittern dar.

Über Waldpfade kommt man in das **Tal ohne Wiederkehr** (Val-sans-retour) oder **Tal der falschen Liebenden** (Val-des-faux-amants). Bald kommt man in ein enges Tal, das recht tief ist. Die Landschaft ist äußerst malerisch. Viele märchenhafte Erzählungen erklären seinen traurigen Ruf. Hierher zog König Artus Schwester Morgane alle die Liebhaber, die sie verraten hatten. Wenn sie dann in diesem paradiesischen Gefängnis waren, konnten sie nicht mehr entfliehen. Durch dieses Verfahren blieben die gefangenen Liebhaber ihr treu, da es ihnen unmöglich gemacht wurde, anderswo auf galante Abenteuer auszugehen. Daher kommt der zweite Name des Ortes: Tal der falschen Liebenden.

Diejenigen, die sich dem Tal ohne Wiederkehr entreißen können, setzen ihre Fahrt in Richtung **Campénéac** fort, wo sich im Jahre 1953 ein Zisterzienserkloster angesiedelt hat. Dann 2,5 km weiter im N.O. gelangt man zum **Schloß Trécesson**. Dieser Herrensitz vom beginnenden 15. Jahrhundert, der etwas abseits von der Straße liegt, taucht am Ende eines Hohlweges auf. Der von zwei Türmchen flankierte Portalvorbau führt in einen Innenhof, wo die Eingänge zum Haupttrakt, zur Kapelle und zum Park liegen.

Man kann dieses Schloß nicht besichtigen, aber man kann nahe genug herankommen, um seine Mauern aus rötlichem Stein und seine Türmchen zu sehen, die sich in dem kleinen Teich spiegeln. 2 km weiter im N. steht die **Kapelle Saint-Jean**, die vom Templerorden erbaut worden sein soll.

Man muß sich aber doch entschließen, den Wald einmal zu verlassen. Lassen Sie uns aber noch ein paar zusätzliche interessante Punkte erwähnen: **Saint-Léry** im N. (2,5 km im N.O. von Mauron), ist im Besitz einer Kirche aus dem 14. und 15. Jahrhundert: das **Schloß Le Bois-de-la-Roche** im N.W. (15. Jh., von dem es nur noch einen ursprünglichen Turm mit Pecherkern gibt; die Kirche Saint-Pierre von **Beignon** (1539, im 19. Jh. restauriert) im S.W. von Les Forges enthält zwei Kirchenfenster von etwa 1540 (Baum Jesse und im Chor die Kreuzigung des heiligen Petrus und die Leidensgeschichte). Die Kirche von **Saint-Malo-de-Beignon** in der Nähe enthält mehrere romanische Überreste, sie ist aber seit dem 12. Jahrhundert erheblich umgebaut worden.

LOËRDUT
28 km em W. von Pontivy

Man darf sich durch den äußeren Anblick der **Kirche** nicht abschrecken lassen, in der alle Epochen vom 13. bis zum 19. Jahrhundert zu finden sind. Denn das Innere hat ein romanisches Schiff mit acht Gewölbefeldern aufzuweisen, dessen kubische Kapitelle – eine Besonderheit des westlichen Morbihan – mit geometrischen Motiven verziert sind (Voluten, Würfelmuster, Bogen, Zickzackstäbe). Das Gotteshaus verfügt auch über ein angebautes Beinhaus.

Im W., am Rande eines Waldes steht in Lochrist die **Kapelle La Trinité** (Dreifaltigkeit), die im Jahre 1686 im Stil der Renaissance umgebaut wurde. Es gibt noch ein Kirchenschiff, dessen hinterer Teil romanisch ist (man beachte die schmalen Schießscharten).

2 km im N.W. von Guéméné, aber zu Ploërdut gehörig, steht auf einer Anhöhe die **Kapelle Notre-Dame von Crénénan** (16.-17. Jh.), hier wird am 15. August eine Wallfahrt abgehalten. Ihr Turm stammt aus dem Jahre 1843. Im Gotteshaus sind die Fußschwellen (1652), die bemalten Holztäfelungen und verschiedene Statuen erhalten geblieben.

LOUAY
18 km im N.O. von Quimperlé

Das **Schloß Ménéhouarn** 1 km im N.W. ist ein herrschaftlicher Sitz aus dem 18. Jahrhundert. Nicht weit davon kann man durch den Wald von Pontcallec die

Das innere Morbihan

Departementalstraße einschlagen, die im N. nach Kernascléden führt (siehe unter diesen Namen).

Die **Kapelle Notre-Dame des Fleurs** 5 km im N.O. enthält eine Rinnleiste, unter der geheimnisvolle Figuren im Stil der Renaissance in einem Fries als Anhängling oder in einem Medaillon aufgereiht sind. Großer Altaraufsatz aus weißem Stein mit schwarzen Marmorsäulen.

Der **Weiler Lanvaudan** 6,5 km weiter im O. bildet einen reizvollen Komplex aus alten Häusern, der unter Denkmalschutz steht. Hier fällt zum Beispiel eine sehr eigenartige steinerne **Hundehütte** auf, die von einem Löwenkopf gekrönt ist.

LUMÉLIAU
14 km im S.W. von Pontivy

Zwei Heilige teilen sich die Schutzherrschaft über diesen Ort: Nikodemus und Nikolaus von den Wassern. Und jeder hat Anspruch auf sein Gotteshaus im N.W.

Das reichste, das seltsamerweise in einer Mulde unterhalb eines kleinen Tales liegt, ist die **Kapelle Saint-Nicodème** (1537), sie ist ein eindrucksvolles Werk im spätgotischen Stil mit Nuancen aus der Renaissance. Ihr Portalvorbauturm umfaßt zwei Stockwerke mit Widerlagern an den Winkeln, die mit Fialen verziert sind. Unten findet man eine weitläufige Arkade mit Wandpfeilern und Wölbungen. Dann ragt da bis in die Höhe von 46 m eine herrliche Turmspitze auf (1862). Man beachte unter dem Portalvorbau den Renaissance-eingang der Treppe.

Das Innere enthält verzierte Fußschwellen und im nördlichen Kreuzflügel eine herrschaftliche Empore. Der steinerne Altaraufsatz (1656) des Hauptaltars stellt eine Kreuzabnahme dar. Der Tag der Wallfahrt zum heiligen Nikodemus, am ersten Sonntag im August, ist die Gelegenheit für ein Freudenfeuer, und der Heilige selbst steigt mit Hilfe eines Rades vom Turm herab, um die Feuersglut zu entzünden.

Der Weiler **Saint-Nicolas-des-Eaux** ist an den Hang eines Hügels gebaut. Alte Häuser mit Strohdächern umgeben eine Kirche aus dem 16. Jahrhundert. Unweit entfernt steht die **Kapelle Saint-Nicolas** (etwa 1525), die der einzige Überrest eines Priorats ist.

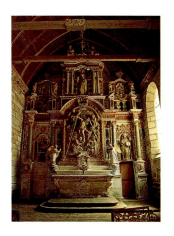

Brunnen von Saint-Nicodème.

Nebenstehend links, Pluméliau: die Kapelle Saint-Nicodème.

Der Kalvarienberg von Plumergat.

PLUMERGAT
12 km im N.O. von Auray

Die Kirche Saint-Thuriau stammt aus dem 17. und 18. Jahrhundert, es sind aber noch eine romanische Fassade und ein romanisches Kirchenschiff erhalten geblieben, mit Kapitellen vom ausgehenden 11. Jahrhundert. Kalvarienberg aus dem Jahre 1696. Die Pfarrgemeinde enthält verschiedene Kapellen, darunter die der Trinité (Dreifaltigkeit, Flamboyantstil) und La Vraie-Croix (Wahres Kreuz, Kirchenschiff aus dem 16. Jh.).

Die niedrige **Stele** des alten Friedhofs ist eine Seltenheit: sie ist die einzige in der Bretagne, die eine Inschrift in gallischer Sprache trägt.

PLUNÉRET
14 km im W. von Vannes

In Pluneret ist Sophie Rostopchine, die Gräfin von Ségur (1799-1874) beigesetzt. Sie verbrachte ihren Lebensabend

Plumergat : die Kirche Saint-Thuriau.

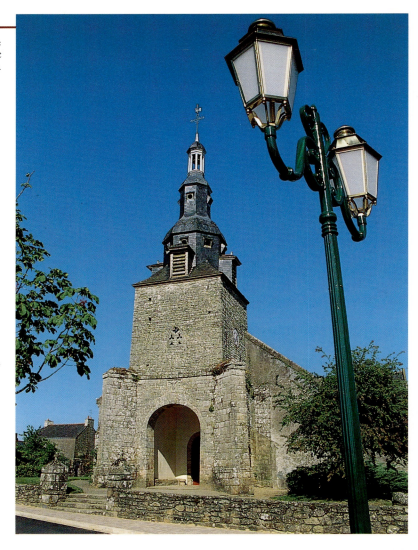

Das innere Morbihan

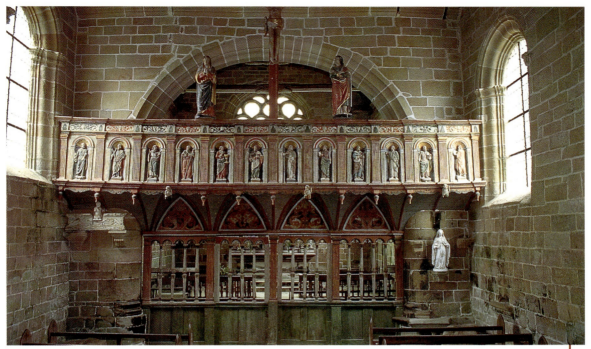

auf dem Schloß Kermadio (19. Jh.), auf dem ihre Tochter Hélène lebte.

Der Weiler **Saint-Avoye** im S. ist im Besitz einer anziehenden Kapelle aus dem 16. Jahrhundert mit einer seltsamen Westfassade, über der ein kleiner Turm aufragt. Man beachte das Gebälk des Bauwerks (1557) und seinen hölzernen Lettner (1554).

Der Hafen von **Bono** im S.O. ist ein Zentrum der Austernlarvenzucht. In 1 km Entfernung vom Dorf steht die Allée Couverte von Le Rocher, und weiter im S. gibt es prähistorische Grabstätten.

LUVIGNER
12 km im N. von Auray

Das Dorf Pluvigner, das fest auf seinem Hügel steht, besitzt zwei nebeneinander stehende Gotteshäuser: eine zerstörte Kapelle, die amüsantes Detail – **Unserer Lieben Frau von den Brennesseln (Notre-Dame des Orties)** – geweiht ist (12. und 15. Jh.) und die Kirche, die **Saint-Guigner** geweiht ist. Im Innern dieses Bauwerks von der Mitte des 16. Jahrhunderts (Turm aus dem 18. Jh.) kann man zwei Glasfenster sehen, die das Leben des heiligen Guigner (auf Bretonisch Pleuigner) erzählen, der der Pfarrei seinen Namen gegeben hat.

Das **Schloß La Grandville** im O. in Brandivy stammt im Wesentlichen vom ausgehenden 15. Jahrhundert, ist aber umgebaut worden. In der Umgebung siehe auch Baud und die Heide von Lanvaux.

Der Lettner von Saint-Avoye.

Nebenstehend unten, PLuvigner : Ausschnitt aus dem Schloß Rimaison.

Bild von Pontcallec (Gemälde aus dem 17.Jh.).

Die Schmieden von Les Salles im Wald von Quénecan.

PONTCALLEC
37 km im W. von Pontivy, in Berné

Das **Schloß** von Pontcallec hat eine lange Geschichte. Das heutige Bauwerk ist ein Gebäude aus dem Jahre 1882. Es ist an die Stelle einer Burg getreten, in der Clément von Guer-Malestroit lebte, der Marquis von Pontcallec, der im Jahre 1720 festgenommen wurde, weil er an der Verschwörung von Cellamare beteiligt war, durch die der Regent Philipp von Orléans von König Philipp V. von Spanien abgelöst werden sollte.

Die Bretonen waren verärgert, da es kurz zuvor (1717) zu Angriffen auf die Stände der Bretagne gekommen war und es neue Steuerlasten gegeben hatte. Sie dachten, daß sich der König von Spanien den Freiheiten der Bretagne gegenüber respektvoller zeigen würde. Aber Pontcallec wurde denunziert und verhaftet. Drei seiner Freunde stellten sich, denn sie vertrauten (naiverweise) der Justiz ihres Landes. Man rief ein Ausnahmegericht ein und verbot den Angeklagten jede Verteidigung. Sie wurden am 4. Mai 1720 in Nantes enthauptet – unter besonders unwürdigen Bedingungen.

Die Domäne von Pontcallec besaß einmal eine Glashütte (1815), dann eine Gießerei (1824-1837), in der viele britische Arbeiter beschäftigt waren. Seit 1955 gehört diese Domäne dem Verein Notre-Dame de Joie. Der Spazierweg durch den Wald am Scorff entlang ist einer der reizvollsten in dieser Gegend.

PRIZIAC
28 km im N.O. von Quimperlé

Die **Kirche Saint-Béhan** ist ein romanisches Bauwerk, das vom 16. Jahrhundert an umgebaut wurde. Die Kapitelle und die Sockel der Säulen sind

Das innere Morbihan

mit geschnitzten Spiralen, Würfelmustern, Flechtwerk, Flechtarbeiten, Girlanden und Masken verziert.

Die **Kapelle Saint-Nicolas** (16. Jh.) an der Straße nach Le Faouët besitzt einen sehenswerten Lettner aus dem Jahre 1580.

Le Croisty, im O., hat ein Gotteshaus aus dem 16. Jahrhundert, ein ehemaliges Bauwerk der Hospitaliter des Heiligen Johannes von Jerusalem.

Wald von Quénécan
Etwa 15 km im N.W. von Pontivy

Das Massiv, das im N. den **See von Guerlédan** säumt, umfaßt viele interessante Stellen. Der Wasserkraftstaudamm wurde zwischen 1923 und 1929 erbaut (205 m lang und 45 m hoch). Die Kirche von **Saint-Aignan**, die zwischen 1893 und

1895 erheblich renoviert wurde, stammt aus der Mitte des 16. Jahrhunderts; sie enthält einen bemerkenswerten Baum Jesse. Die **Kapelle Sainte-Tréphine** (1897) überragt den Weiler. Ganz in der Nähe stehen die Ruinen einer Ringmauer, die zum Schloß Comorres gehört haben soll, eines blutrünstigen Herren im 5. Jahrhundert.

Wenn man die Waldstraße im S. von Saint-Aignan einschlägt, gelangt man in das Herz des Waldes. Viele Orte in diesem Massiv von 2 300 Hektar berufen sich auf die Schmieden, die zu den ältesten dieses Landstrichs gehören. So entdeckt man die **Teiche von La Forge-Neuve** (Neue Schmiede), von **Le Fourneau** (Ofen). Am Teich von Les Salles sieht man die Reste des Schlosses, das der Familie de Rohan gehört hat. Die Kirche (18. und vor allem 19. Jh.) im Flecken **Sainte-Brigitte** (im O.) birgt eine Statue der Heiligen. Von hier aus fährt man Richtung S. nach Stang-al-Ilhuern, das auf Französisch **Gorges de l'enfer** (Höllenschlucht) heißt. Im Wald gibt es viele schöne Plätze, wie **Breuil-du-Chêne**, 1 km im O. von Sainte-Brigitte. Bei einer Bootsfahrt auf dem See kann man die Schlucht des Blavet entdecken.

Der See von Guerlédan.

Nebenstehend links : an den Ufern des Scorffs.

QUESTEMBERT
26 km im O. von Vannes

Diese Stadt ist im Besitz von herrlichen **Markthallen** (1675), ein paar mit Skulpturen verzierten Häusern (16. und 17. Jh.) und der **Kapelle Saint-Michel** (16. Jh.) auf dem Friedhof, zu der ein geschnitzter **Kalvarienberg** gehört.

Koët-Bihan, 6 km im S.O., an der Straße nach Péaule, war der Schauplatz eines Sieges, den die Bretonen im Jahre 888 über die normannischen Piraten davontrugen.

Die **Kapelle Notre-Dame des Vertus** (Unsere Liebe Frau von den Tugenden) im S.W. von Questembert in Berric stammt vom Ende des 15. und aus dem 16. Jahrhundert. Weiter im S. steht das **Schloß**

Questembert : die Markthallen.

Die Kapelle Saint-Michel.

Das innere Morbihan

Trémohar (18. Jh.). Es besteht nur noch ein Teil der Ringmauer aus dem 16. Jahrhundert, die es schützte. Dies ist eine reizvolle Stätte.

Radenac
15 km im N.O. von Locminé

Die **Kapelle Saint-Fiacre** im S. von Réguiny setzt sich genau genommen aus zwei nebeneinander stehenden Gotteshäusern zusammen, zwischen deren Bau ein Jahrhundert liegt. Das läßt sich an der Westfassade deutlich erkennen, deren linker Teil auf das Ende des 14. Jahrhunderts zurückgeht und der rechte auf das Ende des 15. Jahrhunderts; zwischen den beiden Türen ist ein Giebel von einem eindrucksvollen **Wasserspeier** gekrönt (ein gekröntes Tier kriecht aus dem Rachen eines Krokodils). Der **Brunnen mit Baldachin** (17. Jh.) steht nicht weit entfernt.

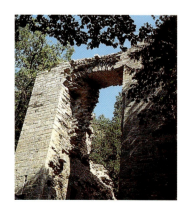

Rieux
9 km im S.W. von Redon

Zur Römerzeit war Rieux, das an einer Krümmung der Vilaine liegt, eine Stadt, die unter dem Namen Duretia bekannt war. Sie war ein wichtiger Knotenpunkt, denn zwei große Straßen trafen hier aufeinander: die von Nantes zum Aber Wrac'h, die von Angers nach Quimper. Aber Rieux lag auch praktisch an der Stelle, wo die Einflußgebiete der Curiosoliter, der Namneter und der Veneter aufeinanderstießen.

Auf einem Vorsprung, der über den Fluß hinausragt, stehen die Überreste eines mächtigen **Schlosses** aus dem 14. Jahrhundert, das der Marschall von Rieux am Endes des folgenden Jahrhunderts restaurieren ließ. Die Kirche Sainte-Radegonde ist von nicht besonders großem Interesse, sie stammt aus dem 15. und 18. Jahrhundert.

Rieux : die Vilaine.

Nebenstehend links : Überreste des Schlosses von Rieux.

Rohan
20 km im N.W. von Josselin

Man würde die kleine Stadt Rohan völlig übersehen, wenn ihr Name nicht der einer der berühmtesten Familien der Bretagne und Frankreichs wäre.

Wodurch wurde Alain, der Vicomte von Porhoët um 1104 veranlaßt, seine Residenz Castennec (im S. von Pontivy) aufzugeben und sich in Rohan niederzulassen? Wahrscheinlich reizten ihn die Lage und gleichzeitig auch der wildreiche Wald von Lanouée. Er erbaute hier ein Schloß und ließ dann einige Mönche nach Josselin kommen, um in dieser Gegend das Evangelium zu verkünden. Sie ließen sich an einem Ort nieder, der noch neunhundert Jahre später

Die Tür der Kapelle Notre-Dame-de-Bonne-Encontre in Rohan.

> **«Ich bin ein Rohan...»**
>
> Der kleine Ort Rohan ist die Wiege der ruhmreichen Familie, die diesen Namen trägt. Vom Schloß steht nichts mehr, abgesehen von ein paar im Grünen verstreuten Steinen. Aber die Bewohner von Rohan sind immer noch sehr stolz auf ihre Bindungen an die Geschichte und übernehmen gern die Devise der Familie Rohan: «Kann nicht König, geruhe nicht Fürst zu sein, ich bin ein Rohan...»

an ihren vorübergehenden Aufenthalt erinnert: der Bourg-es-Moines (Mönchsdorf) in **Crédin**, der auf einem Hügel steht. Ein paar Jahrhunderte lang bildete die Stadt wegen der Herrren, die hier wohnten, den Hintergrund der Geschichte.

Man darf durchaus über die Größe und die Dekadenz der Städte nachsinnen, wenn man am **Oust-Kanal** entlang spaziert, der im Jahre 1831 von Zuchthäuslern ausgehoben wurde. Nahe beim Pont de Rohan steht die **Kapelle Notre-Dame-Bonne-Encontre** (1510). Sie hat ein steinernes Gewölbe, was selten ist.

In der Nähe steht die Abtei von Timadeuc (s. Bréhan).

SAINT-AVÉ
4 km im N. von Vannes

Die **Kapelle Notre-Dame du Loc**, die zu Beginn des Jahrhunderts restauriert worden ist, ist ein Bauwerk aus den Jahren 1475-1494. Wenn man das Gotteshaus betritt, fallen das Gebälk mit Fußschwellen und ein seltsamer **hölzerner Kalvarienberg** (1500) auf, über

Dachstuhl in Loperhet, in der Nähe von Grandchamp.

dem sich ein kleiner Turm erhebt. Sieben Alabastertafeln aus dem 15. Jahrhundert, die aus England stammen und Figuren aus der Bibel darstellen, schmücken den Hauptaltar. Auf dem linken Altar stellt ein Altaraufsatz aus Granit (15. Jh.), die Verkündigung und die Anbetung der heiligen Drei Könige dar. Auf dem rechten ist ein Flachrelief mit der Kreuzigung und der Krönung der Mutter Gottes zu sehen. Das Bauwerk verfügt über einige alte Statuen: die bemerkenswerteste ist die einer **Madonna mit Kind** (Ende 15. Jh.). Sie ist in Kalkstein gehauen und stammt wahrscheinlich aus nordischen Ländern. Außen steht ein mit Szenen geschmückter **Kalvarienberg-Altar**.

Plescop im W. ist im Besitz einer Kirche aus dem 17. Jahrhundert mit einem geschnitzten Weihwasserbecken an der Außenseite; ein Beinhaus aus derselben Zeit vervollständigt das Pfarrgrundstück. Die **Kapelle Notre-Dame de Burgo** in Grandchamp im N. ist ein (zerstörtes) Bauwerk aus dem 16. Jahrhundert; die Kapelle Sainte-Brigitte und ihr Brunnen stammen aus derselben Zeit.

Loperhet weiter im N verfügt über eine interessante Kapelle aus dem 16. Jahrhundert und einen Dolmen hoch auf dem Hügel.

Nebenstehend rechts: der Kalvarienberg von Saint-Avé.

Kapelle von Loperhet: Ausschnitt aus der Fußschwelle.

Das innere Morbihan

es verdient, besser bekannt zu werden, denn eine gelungene Restaurierung in den Jahren 1962-1964 hat ihr einen neuen Glanz verliehen. Die Maler Jean Bertholle, Elvire Jan und Jean Le Moal haben, gemeinsam mit dem Glasmachermeister Bernard Allain, **Glasfenster** von einer bemerkenswerten Anlage gefertigt.

SÉRENT
16 km im S.W. von Plöermel

Obwohl die **Kirche Saint-Pierre** im Laufe der Jahrhunderte umgebaut wurde, stammt sie im Wesentlichen aus dem 15. und 16. Jahrhundert. Der gesamte Dekor ist im spätgotischen Stil gehalten. Das Südportal (1601) ist am feinsten ausgearbeitet; es umfaßt zwei Doppelportale in Korbbogen, über denen sich ein durchbrochener Tympanon erhebt. Ihre Fassade besitzt ein «sägezahnähnliches Profil». Das Westportal, das nüchtern erscheint, ist von einem Kielbogen gekrönt. Im Innern der Kirche gibt es eine hölzerne Pieta (15. Jh.).

Sérent : die Kirche Saint-Pierre.

Nebenstehend rechts der Kalvarienberg Sainte-Suzanne.

SAINT-SERVANT-SUR-OUST
12 km im W. von Ploërmel

Wie ihr Name schon sagt, liegt die Gemeinde an den hügeligen Ufern eines der Nebenflüsse der Vilaine: im Morbihan verbindet sich der Lauf des Oust übrigens mit dem Nantes-Brest-Kanal.

Die Kirche stammt aus mehreren Epochen (14., 17. und 19. Jh.). Sie hat

Das innere Morbihan

Ein paar Kilometer weiter im N., an der Straße nach Lizio steht die **Kapelle Sainte-Suzanne** (16. Jh.), die Überreste von alten Kirchenfenstern, sowie einem Altar mit einem verzierten Kreuz besitzt (16. Jh.). Nicht weit davon entfernt steht das Herrenhaus von Tromeur (15.-18. Jh.). Die Gegend ist reich an Megalithen. **Lizio** ist seit 1974 wegen seines «Handwerksfestes» (im August) bekannt. Die Gemeinde verfügt auch über ein Heimatmuseum über den Bauernhof und die alten Handwerke, sowie über einen... In **Cruguel** hinter Lizio stehen das Schloß von Les Timbreux (18. Jh.) und ein Waschhaus-Brunnen.

Le Roc Saint-André 6 km im N.O. ist auf einem der felsigen Ufer des Oust erbaut. Ganz in der Nähe, in La Chapelle-Caro, steht das **Schloß von Crévy** aus dem 18. und 19. Jahrhundert, es gibt aber noch ein paar sehr viel ältere Bestandteile von einer Festung, die das Tal des Oust beherrschte. Es wird gerade restauriert. Darin ist ein Museum der Zivilkleidung untergebracht.

TAUPONT
4 km im W. von Ploërmel

Die Gemeinde verfügt über... annähernd fünfzig Kreuze und mehrere Gotteshäuser, von denen die **Kapelle Saint-Golven** in Le Vieux-Taupon das interessanteste ist. Es handelt sich genau genommen um die alte Pfarrkirche. Trotz einiger älterer Bestandteile stammt sie im Wesentlichen aus dem 15. und 16. Jahrhundert. Ihre Westfassade (16. Jh.) ist die reizvollste. Sie verfügt über ein Portal mit Doppeltür, die beide mit einem Kielbogen verziert sind. Ein dritter Kielbogen, der eindrucksvoller ist, krönt den oberen Teil der Fassade. Das Innere des Gotteshauses enthält einen Glorienbalken, Altaraufsätze, Statuen und Fußschwellen.

Das hohe **verzierte Kreuz** außen stammt aus dem 16. Jahrhundert. Man muß wissen, daß die Bevölkerung Taupons sehr auf die Erhaltung ihres Erbes bedacht ist.

TRÉDION
22 km im N.O. von Vannes

Das **Schloß** von Trédion hat eine lange Geschichte. Der Jagdpavillon der Familie Malestroit wurde im 15. Jahrhundert von Marschall Jean IV. von Rieux zu einem Herrenhaus umgebaut. Aber in

Die Kapelle Saint-Golven von Taupont.

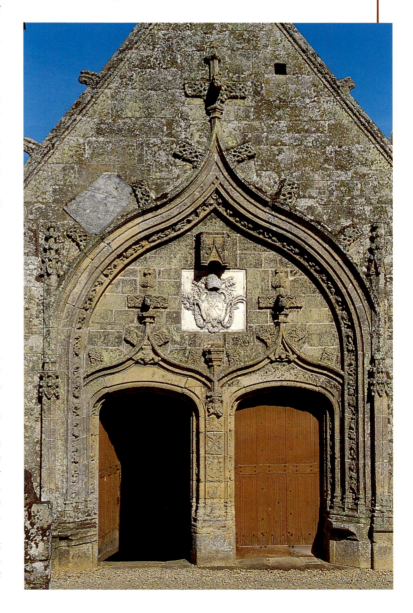

Das innere Morbihan

Wirklichkeit verdankt es sein heutiges Aussehen den Eigentümern des vorigen Jahrhunderts. Es ist ein gutes Beispiel der Neugotik des Architekten Jacques Mellet (1854), der aus Vitré stammte.

La Vraie-Croix
19 km im N.O. von Vannes

Diese Gemeinde hat ihren Namen («das Wahre Kreuz») einer Reliquie zu verdanken, die in direkter Linie von Jerusalem gekommen sein soll. Sie wird in einer Kapelle (17. Jh.) aufbewahrt, die eigenartig über einer Straße erbaut ist. Die Kirche von **Sulniac** im S.W., nicht weit davon entfernt, ist zum Teil romanisch. Ein schönes Kreuz mit Figuren in **Larré**, im N.

Die Kapelle Notre-Dame du Cran in **Tréfflean** weiter im W stammt aus dem 14. und 16. Jahrhundert. Sie besitzt geschnitzte Kapitelle, die vielleicht spätromanisch sind. Nahe dabei stehen ein Kalvarienberg und ein Backofen.

Lizio : Wegweiser auf dem Weg nach Santiago de Compostela.

Nebenstehend oben : Fresko in der Kapelle Sainte-Suzanne in Sérent.

Nebenstehend links : blumengeschmücktes Dorf La Vraie-Croix.

DIE HOCHBURGEN DES MORBIHAN
von Carnac nach Sainte-Anne-d'Auray

Das Morbihan verfügt nicht über den architektonischen Reichtum des Finistère. Für den, der sich die Zeit nimmt, das Land langsamen Schrittes zu entdecken, enthüllt es jedoch außerordentliche Erinnerungen an die Vergangenheit. Wegen ihrer Vielzahl sind die Alignements von Carnac in der ganzen Welt einzigartig. Wer künstlerische Juwelen zu schätzen weiß, kann zum Beispiel in Le Faouët, Kernascléden, Quelven, Josselin, Vannes oder Suscinio einige davon kennenlernen, während Katholiken Sainte-Anne-d'Auray ihre Ehrerbietung erweisen, wo jedes Jahr eine der größten Wallfahrten der Christenheit stattfindet.

CARNAC, ERDEVEN, PLOUHARNEL
Rund 12 km im S.W. von Auray

Gustave Flaubert vermerkte es bereits: «Carnac hat zum Schreiben von mehr Dummheiten Anlaß gegeben, als es Steine besitzt». Und davon gibt es jedoch mehr als genug, sie machen aus Carnac einen der Hauptorte der Urgeschichte in der Welt. Seine Alignements und die seiner Nachbarn Plouharnel und Erdeven kommen zusammen auf über 4 000 Menhire. Viele sind verschwunden, es hat vielleicht 8 - 10 000 gegeben.

Die **Kirche Saint-Cornély** im Zentrum von Carnac ist ein Bauwerk aus dem 17. und 18. Jahrhundert. Der Turm (1639) hat verschiedene Gotteshäuser dieser Gegend beeinflußt. Ihr nördlicher Portalvorbau (1792) ist ganz unerwartet von einem barocken Baldachin gekrönt.

Das **Rathaus** (1973) ist ein interessantes Beispiel der zeitgenössischen Architektur, es wurde von Pierre Kobadkhidzé erbaut.

Auf dem Place de la Chapelle steht das **Museum James Miln-Le-Rouzic**, es wurde von einem Schotten geschaffen und enthält eine Sammlung von Megalithen-gegenständen (blanke Äxte, Halsketten, Schmuck).

Das Rätsel, das die Megalithen von Carnac aufwerfen, hat noch keine unanfechtbare Lösung gefunden. Die einen behaupten, es bilde einen Komplex, der mit astronomischen Berechnungen zu tun hat. Die anderen sagen, es handele sich um religiöse Bauwerke. Selbst die Fachleute scheinen sich nicht in vielem einig zu sein. Weder über den Ursprung dieser Steine, noch über ihr Alter, noch nicht einmal über den Namen Carnac.

Nebenstehend links : das Schloß Suscinio in Sarzeau.

Unten und folgende Seiten : Kermario.

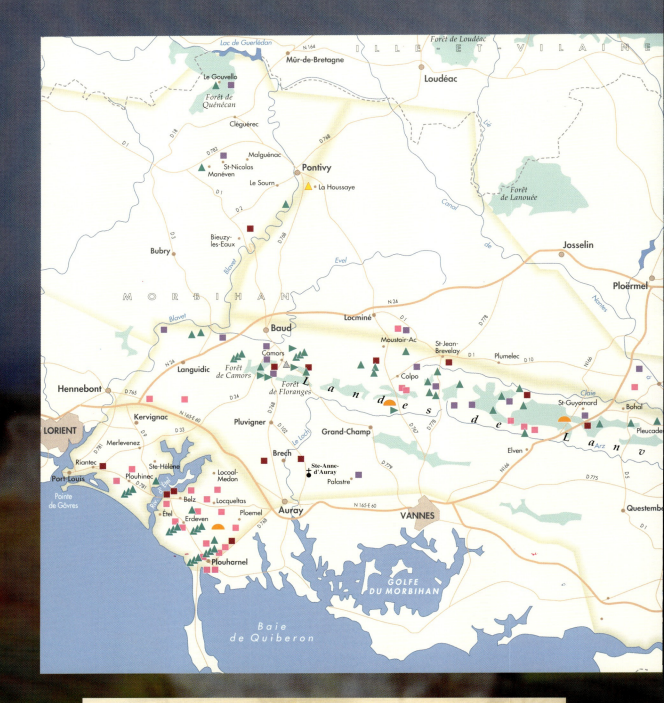

- **Rundfahrt Nr. 1**

    Man beginnt die Besichtigung an den Alignements von **Le Ménec**, einen Kilometer im N. des Dorfes. Sie vereinigen über 1 000 Menhire, die in 11 mehr oder weniger parallelen Reihen angeordnet sind. Die «aufsehenerregendsten» Steine stehen nahe beim Dorf Le Ménec.

    Die Alignements von **Kermario** in ihrer Verlängerung nach N.O. kommen insgesamt auf rund 900 Menhire. Immer weiter in dieser Richtung kommt man schließlich zu den Alignements von **Kerlescan** (rund 500 Menhire), die mit einem Kromlech von etwa vierzig Menhiren enden.

    Auf der Rückfahrt nach Carnac über die D. 196 und die D. 119 sollte man im N.O. des Dorfes den **Tumulus Saint-Michel** besichtigen (um - 3000). Dieser Hügel, der 125 m lang und 60 m breit ist, wurde aus zwei Steinschichten gebildet, die durch eine Erdschicht voneinander getrennt sind.

• **Rundfahrt Nr. 2**

Auf einer anderen Rundfahrt kann man 1,5 km von Plouharnel, rechts von der N. 168, den Dolmen von Runesto besichtigen, dessen Kammer zum Teil vergraben ist. 1,5 km weiter, auf der linken Seite der N. 168, birgt ein Hügel einen der Dolmen von **Mané-Kérioned**.

Hundert Meter hinter Mané-Kérioned, rechts von der Straße, führt ein Pfad zum Dolmen von **Kériaval**, der heute noch zwei seitliche Kammern aufweist. Etwas weiter entfernt führt eine Straße zum Weiler **Crucuny**, in dem noch ein Tumulus von 35 m Länge, 23 m Breite und 13 m erhalten ist, der einen zerstörten Dolmen enthält und von einem Menhir gekrönt ist.

Wenn man auf der Straße D. 186 weiterfährt, trifft man auf mehrere Dolmen und den **Tumulus von Le Moustoir** aus derselben Zeit wie der Hügel von Saint-Michel

• **Rundfahrt Nr. 3**

Eine dritte Rundfahrt geht vom Dorf Plouharnel aus und führt in Richtung Erdeven. Der Tumulus von **Rondossec** hinter Plouharnel, links von der N. 781, schließt drei unterirdische Dolmen ein. Dann, hinter einem Bahnübergang gelangt man zu den sechs Menhiren von Le Vieux-Moulin und 300 m weiter zum Dolmen von Kerbérenne. Nahe beim Dorf und der Kapelle Sainte-Barbe (15. Jh.) gibt es rund fünfzig Menhire, die fast alle liegen und durch Dünen vom Meer getrennt sind.

Noch weiter in Richtung Erdeven zeichnet sich der Dolmen von **Crucuno** durch eine quadratisch angelegte Kammer aus. Der Tumulus von Mané-Groh ganz in der Nähe enthält eine Truhe und einen Dolmen.

Die **Alignements von Kerzhero**, einen Kilometer vor Erdeven, gehören mit den drei Komplexen von Carnac zu den schönsten, die wir kennen. Sie bestehen aus 1 130 Menhiren, die sich über mehr als zwei Kilometer erstrecken.

Die **Kapelle Les Sept-Saints** (die Sieben Heiligen) 2,5 km von Erdeven über die D. 105 ist den sieben heiligen Gründern der Bretagne geweiht.

Die Hochburgen des Morbihan

Die Alignements sollen auf die zweite Hälfte der Jungsteinzeit zurückgehen (- 2800, - 2300). Sie erstrecken sich über vier Kilometer, vom Dorf Ménec bis zum Dorf Kerlescan. Die Rundfahrten, die wir vorschlagen, erheben keinen Anspruch auf Besonderheit. So kann man aber wenigstens das Wesentliche sehen.

Die Küste von Carnac

1,5 km südlich von der Kirche erstreckt die Sommerfrische **Carnac-Plage** ihre Villen, die sich im Grünen verlieren. Ein Strand von 1 500 Metern erinnert daran, daß die Freunde Carnacs nicht nur Liebhaber von Megalithen sind. Eine Straße folgt dem Meer in Richtung La Trinité, sie verläuft in der Nähe der Landspitze von Beaumer, dann am Strand von Men-Du vorbei, bevor sie nach **La Trinité** kommt, dem Zentrum der Sportschiffahrt.

Der **Fluß Le Crach** bietet bezaubernde Ansichten in einer freundlichen

Nebenstehend oben : die Alignements von Le Ménec. Beisetzung eines gallischen Anführers in Carnac.

Nebenstehend linke Seite : Dolmen in Crucuno. Unten : die Alignements von Erdeven.

und oft belebten Landschaft. Bis zur Einfahrt in den Golf von Morbihan ist der Küstenstreifen stark zerrissen.

Die **Benediktinerabteien Sainte-Anne und Saint-Michel** ganz in der Nähe in Plouharnel ziehen die Liebhaber gregorianischer Gesänge an. Beide wurden in den letzten Jahren des 19. Jahrhunderts gegründet.

Le Faouët
17 km im S.O. von Gourin

Die Gemeinde hat ihren Namen den Buchen dieser Gegend zu verdanken (*faou* auf Bretonisch; siehe lateinisch *fagus*, italienisch *faggio* und altfranzösisch *fau*). Sie besitzt **Markthallen** aus den frühen Jahren des 16. Jahrhunderts (53 m lang und 19 m breit). Das Bauwerk ist in drei Schiffe unterteilt. Die Pfeiler aus Holz und Granit stützen den riesigen Dachstuhl. Der Dachfirst ist von einem achteckigen Turm gekrönt.

Le Faouët liegt im Herzen einer hügeligen und grünen Landschaft, die bemerkenswerte religiöse Bauwerke birgt (siehe auch Pipriac). 2,5 km weiter im S. steht die **Kapelle Saint-Fiacre**, die Kernascléden zum Vorbild hat. Ihr Turm mit Balkonbrüstung und Türmchen vom Cornouailler Typ krönt eine Fassade, die überreich mit Widerlagern, Baldachinnischen und Fialen verziert ist. Das größte Wunderwerk dieses Gebäudes ist der Lettner aus dem Jahre 1480 – dem Zeitpunkt, an dem die Kapelle gebaut wurde, der Überschwang und Farbenreichtum miteinander verbindet. Auf seinem von Figuren belebten Fries sieht man in friedlicher Eintracht das Weltliche und das Geistliche nebeneinander. Ein gewisser Olivier Loërgan führte dieses Werk voller Talent und Schwung aus. Die **Kirchenfenster** stammen aus dem 16. Jahrhundert.

Die **Kapelle von Sainte-Barbe**, die malerischer und wie unwirklich ist, steht in 2,5 km Entfernung vom Dorf, oder wenn man so will, eine halbe Stunde zu Fuß über einen steilen Weg, der sich schwindelerregend an die Kluft seiner Felsspitze haftet, in dem gedämpften und wechselhaften Licht einer bewaldeten Stätte. Weiter unten fließt die Ellé in einem frischen Lauf lebendigen Wassers.

Ein Vordach schützt die Glocke, die die Pilger läuten müssen, wenn sie den Segen des Himmels erflehen wollen. Die Treppen mit Balustern stam-

La Trinité-sur-Mer : der Jachthafen.

Die Hochburgen des Morbihan

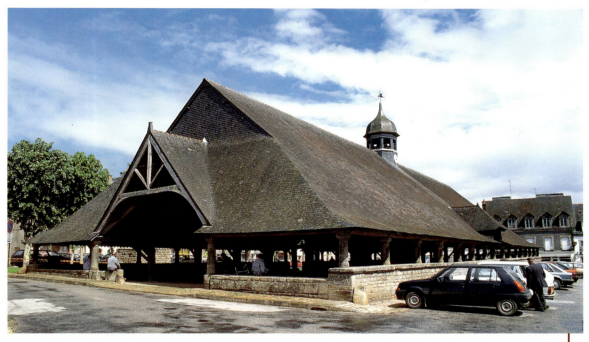

men aus dem Jahre 1700. Die Kapelle Saint-Michel auf dem ersten Absatz ist eine Gebetskapelle, die mit Eisenringen geschmückt ist, and die sich die Frommen einst klammerten, um um sie herumzugehen, was sehr gefährlich war. Und wie es heißt, wurden die Bagnosträflinge begnadigt, die dies schafften. Die Kapelle ist auf ein Querschiff und einen Chor in Spitzbogengewölbe beschränkt. Zwei Portale, die von einem durchbrochenen Tympanon gekrönt sind, öffnen sich in der Südfassade. Die Tafeln der Empore im Innern sind mit Schnitzereien von Tieren, burlesken Figuren und einer Szene aus dem «Roman de Renart» verziert. Das

Die Markthallen von Le Faouët.

Nebenstehend unten : Dreharbeiten für den Film *Marion du Faouët*. Aufnahme Studio Quideau.

Jube, Domine...

Der Lettner ist eine querstehende Galerie, die von einer Trennwand getragen wird. Er trennt den Chor vom Kirchenschiff und sondert die messelesenden Priester von den Gläubigen ab. Die französische Bezeichnung «jubé» stammt aus einem lateinischen Gebet *Jube, Domine* (Befehle, Herr). Die Lettner sind im 16. Jahrhundert in der Bretagne in Erscheinung getreten. Die meisten davon sind verschwunden. Es gibt noch rund zwanzig, von denen derjenige in der Kapelle Saint-Fiacre von Le Faouët der eindrucksvollste ist.

Geschnitzte Anhänglinge. Der Lettner von Saint-Fiacre in Le Faouët.

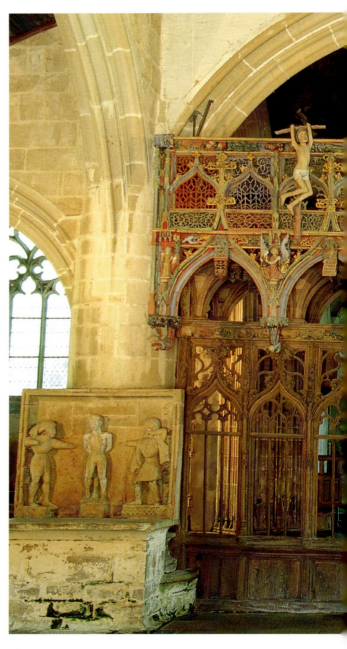

Bauwerk, mit dem im Jahre 1489 begonnen wurde, erhielt sein Gewölbe im Jahre 1512.

Die **Kapelle Saint-Sébastien** im N. von Le Faouët stammt aus den letzten Jahren des 16. Jahrhunderts und zeichnet sich durch eine sehenswerte Chroapsis mit vielfachen Giebeln aus. Die Fußschwellen (1600-1608) sind mit Szenen aus dem «Roman de Renart», aus dem täglichen Leben, einer Wildschweinjagd und einer Sarabande bebildert, in der Satan die Tänzer zu den Klängen einer Sackpfeife anführt.

Marie-Louise Tromel, alias Marion du Faouët (1717-1755) war Bandenchefin und Wegelagerin. Sie wurde im Alter von 38 Jahren gehängt und ging dann in die Sage ein.

GUÉHENNO

11 km im S.W. von Josselin

Im Gebiet des Finistère kann man viele Pfarrgrundstücke antreffen. Im Morbihan ist Guéhenno fast eine Ausnahme. Es wurde von F. Guillonic

Die Hochburgen des Morbihan

Der Kalvarienberg von Guéhenno.

erbaut und geschnitzt und im Jahre 1550 errichtet. Im Dezember 1794 fiel der **Kalvarienberg** unter den Schlägen der Soldaten aus Josselin. Sie verschonten nichts: die Kreuze wurden umgeworfen, die Statuen verstümmelt und die Skulpturen in Stücke zerschlagen. Doch die Bewohner des Landes konnten die meisten Statuen und ihre Fragmente zusammentragen. Sie bewahrten sie bis 1853 auf, in diesem Jahre begann Abbé C.-M. Jacquot, der Pfarrer von Guéhenno, mit der Restaurierung des Werkes.

Da sie sich die Mithilfe von Fachleuten nicht leisten konnten,

wurden Jacquot und sein Vikar, Abbé Laumaillé zu Bildhauern. Die neuen Bestandteile haben sich nach und nach mit dem alten Piedestal verbunden, und nur wirkliche Kenner können hier Altes von Neuem unterscheiden.

HENNEBONT
10 km im N.O. von Lorient

Der Name der Stadt – auf Bretonisch Henbont – bedeutet wahrscheinlich «die alte Brücke».

Hennebont : Pardon in Notre-Dame-du-Voeu vor der Basilika.
Nebenstehend links, Guéhenno : der heilige Michael von Le Mont.

Auf jeden Fall wurde die Siedlung hinten in der tief eingeschnittenen und bewaldeten Trichtermündung des Blavet aufgebaut. Ihre architektonischen Reichtümer sind nicht mehr so zahlreich, wie vor dem Kriege, denn die Stadt hatte 1944 und 1945 viel hinzunehmen. Die Schmiede von Hennebont ist im Jahre 1967 verschwunden (siehe Inzinzac-Lochrist).

Die Hochburgen des Morbihan

Die **Basilika Notre-Dame de Paradis** ist ein Bauwerk, mit dem im Jahre 1514 begonnen wurde und dessen 65 m hoher Turm aus Granit eine ganz spätgotische Spitzenarbeit und einen ganz wuchtigen Bau nebeneinanderstellt. Im Innern steht die älteste Orgel des Morbihan (1652) neben einer Galerie moderner Glasfenster von Max Ingrand.

Man betritt die **Ville-Close** (geschlossene Stadt) durch das Tor Bro-Erec'h aus dem 15. Jahrhundert, das von zwei dicken Türmen flankiert ist. Ähnliche findet man auch in Vannes. Im Innern der Ville-Close sind in der Grand-Rue noch ein paar alte Häuser erhalten geblieben, und man sollte die Westfront der Stadtmauern (zweite Hälfte des 15. Jh.) bewundern.

Die **ehemalige Abtei de la Joie** (unterhalb des staatlichen Gestüts) wurde im 13. Jahrhundert gegründet. Von dieser Zisterzienserabtei, die nach einem Brand im Jahre 1510 wieder aufgebaut wurde, stehen nur noch ein Brunnen, das Abtshaus und die Töpferei (17. Jh.).

Die **Kirche Saint-Gilles**, 3 km weiter im O. der Stadt, an der Straße nach Lochrist, besitzt noch einige romanische Überreste, darunter die mit geometrischen Motiven verzierten Kapitelle, der Höhepunkt der Stilisierung des romanischen Pflanzendekors. Ein ähnlicher Schmuck findet sich auch in der **Kapelle von Saint-Gunthiern** im Dorf Haut-Locoyarne (im S. an der Straße nach Port-Louis). Dieses Gotteshaus wird nicht mehr benutzt, aber einige Kapitelle (Salamander, Pferde, Widderköpfe) sind durchaus von Interesse; sie sind aus Kalkstein, einem Material, das also eingeführt werden mußte.

Von Hennebont aus kann man einige schöne Spaziergänge machen, nach S., wo man von der Brücke von Le Bonhomme (4 km) einen herrlichen Blick über den Blavet hat, oder nach N. bis

Hennebont : Hauben aus dem Lande Lorient.

Hennebont: Das Tor Bro-Erec'h.

Bubry (20 km) über Lochrist (beschilderte Route).

Pont-Scorff, das am rechten Ufer des Scorff liegt, schmückt sich auf seinem Hauptplatz mit einem herrschaftlichen Renaissance-Stadthaus (1511-1640), dem ehemaligen Justizhaus der Fürsten von Rohan-Guémené.

JOSSELIN
12 km im N.W von Ploërmel

Der kleine Marktflecken, der im Jahre 1000 unter dem Namen Thro bekannt war, nahm im 11. Jahrhundert den Namen eines seiner Herren an: Josselin, Sohn Guethenocs, Vicomte von Porhoët, auf den der Bau des ersten Schlosses zurückgeht. Während des Kampfes, in dem sich zahlreiche Anwärter auf den Herzogsthron der Bretagne gegenüberstanden, war Josselin das Ziel vieler Angriffe. Im Jahre 1168 wurde es von Heinrich II. von England belagert, eingenommen, und das Schloß wurde geschleift. Fünf Jahre später begann Eudes II. von Porhoët mit dem Wiederaufbau, und im heutigen Bauwerk sind noch ein paar Überreste aus dieser Zeit erhalten geblieben. Es sollte sich drei Jahrhunderte lang behaupten.

Im Jahre 1351, während der Erbfolgekriege der Bretagne wurde das Schloß von Jean de Beaumanoir befehligt, der sich in der Schlacht der Dreißig auf der Heide von Mi-Voie zwischen Josselin und Ploërmel auszeichnete (siehe Guillac). Bald darauf ging es in den Besitz Olivier de Clissons über, der die Befestigungsanlagen vergrößerte und einen Bergfried anbaute. Bei seinem Tod im anbrechenden 15. Jahrhundert wollte er in der Stiftskirche beigesetzt werden. Seither ist die Festung im Besitz der Familie de Rohan, oder genauer gesagt, der Rohan-Chabots.

Seit dem 15. Jahrhundert standen Schleifen und Wiederaufbau in ständigen Wechsel. Im Jahre 1599 erbaten sich die Stände der Bretagne ein Edikt von König Heinrich IV., das die Zerstörung der Befestigungsanlagen der Städte und der Privatschlösser anordnete, um einem erneuten Bürgerkrieg vorzubeugen. Der Befehl des Königs wurde aber erst wirklich unter Richelieu, dreißig Jahre später ausgeführt.

Die Hochburgen des Morbihan

Das Schloß, das im 19. Jahrhundert restauriert worden ist, weist trotz der Zerstümmelungen heute noch eine eindrucksvolle, aber ganz in Feinheit gearbeitete Masse auf, wenn man es vom Vorort Sainte-Croix aus entdeckt. Seine Außenfassade, die den Fluß überragt, ist mit drei starken runden Türmen gewappnet, deren Fundamente in den Felsen gehauen sind. Diese Fassade bietet das Aussehen einer Militärarchitektur aus dem Mittelalter. Auf der gegenüberliegenden Seite ist es umgekehrt. Die Hauptfassade, die auf den Ehrenhof hinausgeht, ist in ihrer Überfülle von Verzierungen eitel Eleganz. Sie ist sicher das schönste Beispiel der Architektur Ludwigs XII. in der Bretagne, ein einziges Spitzenwerk aus Stein, das die Balustraden und die wohlgeformten hohen Dachfesnter mit einer Fülle von kleinen Säulen und Fialen säumt. Das Innere ist sehr reich und birgt auch ein *Puppenmuseum*.

Die Geschichte Josselins ist auch mit der Verehrung von **Notre-Dame-du-Roncier** (Unsere Liebe Frau aus dem

Dornbusch) verbunden. Es wird erzählt, daß ein Bauer um 800 eine hölzerne Statue der Muttergottes fand. Ein strahlendes Licht umgab den Gegenstand. Er nahm ihn mit

Josselin : das Banner von Notre-Dame-du-Roncier.

Das Schloß Josselin.

Die Schlacht der Dreißig bei Josselin.

nach Hause, aber am nächsten Tage war die Statue verschwunden... Wie es heißt, fand er sie dort wieder, wo er sie am Tage zuvor gefunden hatte. Das gleiche Phänomen wiederholte sich mehrmals, und der Bauer verstand, daß die Muttergottes den Wunsch hatte, eine Kapelle sollte ihr zu Ehren an den Ufern des Oust errichtet werden.

Die heutige Basilika ist im großen und ganzen im spätgotischen Stil gehalten. Außerhalb sind die interessantesten Stellen die Südfassade (vier Giebel) und die Westfassade, in der es an den Mittelpfosten gelehnt eine Madonna mit Kind aus dem 15. Jahrhundert gibt; die **Wasserspeier** des Bauwerks sind sehens-

Die Hochburgen des Morbihan

wert. Im Innern sind ein paar **romanische Überreste** erhalten (drei Kapitelle vom ausgehenden 12. Jh., links vom Chor, der ein schönes Spirtzbogengewölbe aus dem 13. Jh. hat). Rechts steht der marmorne Kenotaph Olivier de Clissons und Marguerite de Rohans (Anfang 15. Jh., aber stark restauriert).

Die Wallfahrt findet am 8. September statt. Sie war lange unter dem Namen «Wallfahrt der Schreierinnen» bekannt. Früher brachte man nämlich die «Schreierinnen» hierher, Frauen, die von «epileptischen Krämpfen» befallen waren.

Der **Brunnen** Notre-Dame-du-Roncier (17. Jh.) steht im O. der Stadt. Im S., hinter der Brücke, auf einer Anhöhe, steht die **Kapelle Sainte-Croix**, die ein Kirchenschiff aus dem 11. Jahrhundert besitzt; das übrige Gotteshaus ist zusammengewürfelt. Kalvarienberg aus dem 16. Jahrhundert auf dem Friedhof.

KERNASCLÉDEN
34 km im W. von Pontivy

Die **Kirche Notre-Dame** von Kernascléden, ein herrliches Baudenkmal im spätgotischen Stil, ist eines der Meisterwerke der bretonischen Kunst. Es waren die Vicomtes de Rohan, des Herzogs von Bretagne Johann V. und seine Gemahlin Jeanne de France, Tochter Karls VI., die durch bedeutende Spenden zu ihrem Bau beitrugen. Das Bauwerk ist sehr charakteristisch mit seinem Giebelturm, der Durchführung der **Südfassade** mit ihrer großen Rosette und den beiden Portalvorbauten, sowie der großen flachen Chorapsis, in die ein Hauptfenster gebrochen ist.

Überall ist der Stein sorgfältig ausgearbeitet, gezackt, festoniert. Die gleiche Feinheit findet sich im Dekor der Portalvorbauten, von denen der eine die Statuen der Apostel enthält, oder in den Balustraden und Widerlagern, die mit Nischen, Fialen und Wasserspeiern verziert sind. Im Innern stützen spätgotisch

Die Stadtmitte von Josselin.

Oben : Totentanz. In der Mitte : bemalte Gewölbe. Unten : Szenen aus der Hölle.

Die Hochburgen des Morbihan

beeinflußte Bogen eines der seltenen Gewölbe in der Bretagne. Aber was in Kernascléden außergewöhnlich ist, das sind die **Gemälde**, von denen die Gewölbe des Kreuzflügels im N. bedeckt sind (musizierende Engel und Himmelfahrt), und vor allem im Chor (Szenen aus dem Leben Mariens und Jesu).

Diese Gemälde – man bedauert, daß man sie nicht aus der Nähe sehen kann, bilden ein reiches Beispiel der französischen Kunst des 15. Jahrhunderts. Die des südlichen Kreuzflügels sind nicht so schön, aber überraschender. Es handelt sich hier um ergreifende Fragmente eines **Totentanzes** und einer **Darstellung der Hölle**, die im Jahre 1912 entdeckt wurden.

Das **Herrenhaus von Kermérien** im N.W., in Saint-Caradec-Trégomel, stammt aus dem 16. und 17. Jahrhundert. Das **Schloß von Coscro** in Lignol im O. ist eine Residenz im klassizistischen Stil (Mitte des 17. Jh) mit erhöhtem mittlerem Pavillon, der im Vorsprung erbaut ist.

Auf seiten der Hölle

In Kernascléden erlegen erschreckende Ungeheuer und gehörnte Teufel den Sündern die schlimmsten Strafen auf : die einen werden in Kesseln gekocht ; andere werden aufgespießt oder müssen erleben, wie ihr Leib mit Fingernägeln, Krallen und Zähnen zerrissen wird ; wieder andere werden in einem Faß gebraten, das von einem Dämon wie ein Spieß gedreht wird. Wir finden hier das ferne Echo des Orients, das - vor allem über die apokryphen Apokalypsen - durch das christliche Abendland schreckenerregende Bilder von der Hölle volkstümlich gemacht hat, die von den Künstlern des Mittelalters und der Renaissance wieder aufgenommen worden sind.

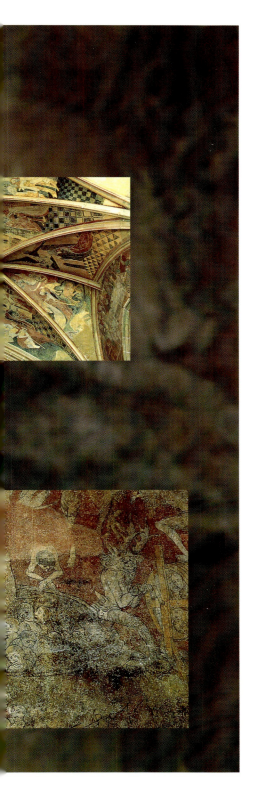

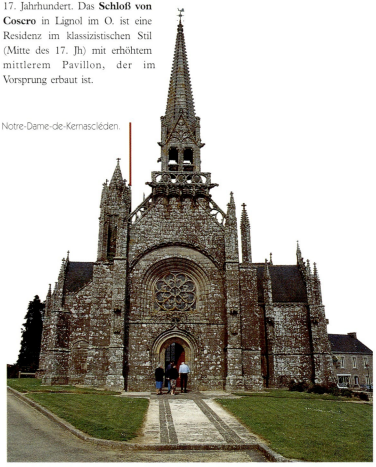

Notre-Dame-de-Kernascléden.

LANGONNET
12 km im S.O. von Gourin

In der **Kirche Saint-Pierre-et-Saint-Paul**, die Ende des 15. Jahrhunderts wiederaufgebaut wurde, sind von kubischen Kapitellen gekrönte Pfeiler im angelsächsischen Stil aus der romanischen Zeit erhalten geblieben, die Grotesken mit aufgezwirbelten Schnurrbärten, einen Blitz Jupiters, einen Kampf von Ungeheuern mit phantastischen Formen usw. in Szene setzen. Die Kirche gehört zu einem Pfarrgrundstück, das unter anderem ein Beinhaus aufweist, das an das südliche Seitenschiff angebaut ist, sowie ein kleiner Kalvarienberg.

Die **Abtei von Langonnet** im O. ragt auf dem Gipfel in einem bewaldeten kleinen Tal auf. Dieses ehemalige Zisterzienserkloster wurde im Jahre 1136 gegründet und wird heute von den Patres vom Heiligen Geist bewohnt. In den Gebäuden, die im 17. und 18. Jahrhundert wieder aufgebaut wurden, ist ein kleines Kolonialmuseum untergebracht. Von der ehemaligen Abtei gibt es noch einen sehr sehenswerten **Kapitelsaal** aus dem 13. Jahrhundert mit Spitzbogengewölbe.

Die Kirche **La Trinité-Langonnet**, 8 km weiter im N., ist ein Bauwerk aus dem Jahre 1520, das eine Chorapsis mit spitzen Wimpergen, einen kunstvoll gearbeiteten Portalvorbau in der Mitte, Fußschwellen mit Drachen und Grotesken besitzt.

Plouray, im O., enthält eine Kirche aus den Jahren 1661-1666. *Ein Zentrum für tibetanische Studien* wurde im Jahre 1985 in der Gemeinde eröffnet.

MALESTROIT
35 km im N.O. von Vannes

Malestroit, das am Rande des Heidegebietes von Lanvaux, am Zusammenfluß von Oust und einer

Langonnet : der Kapitelsaal.

Die Hochburgen des Morbihan

Die Abtei von Langonnet.

Nebenstehend unten, Malestroit : Skulptur an einem Haus am Place du Bouffay.

Abzweigung des Nantes-Brest-Kanals gelegen ist, war von 1451 bis 1789 eines der neun Baronate der Bretagne und eine befestigte Stadt (von seiner Stadtmauer gibt es noch ein paar Überreste). Die Stadt besitzt viele **alte Häuser** (Rue du Général-De-Gaulle, Rue du Froment, Rue des Anglais, Place du Bouffay). An einem Haus aus dem 15. Jahrhundert sieht man lustige Skulpturen, darunter den bösen Malestroit, der seine sanfte Frau an den Haaren zieht und ihr mit einem Stock droht. Eine andere stellt einen Esel dar, der Sackpfeife spielt.

Die Kirche Saint-Gilles wurde im 11. oder Anfang des 12. Jahrhunderts erbaut. Aus der romanischen Zeit stehen vor allem noch der südliche Kreuzflügel, der Chor, die Vierung und die Kapitelle. Nach einem Brand (1592) wurde das Kirchenschiff wiederaufgebaut, wobei man es durch eine Art Nebenschiff vergrößerte. Aus dieser Zeit stammen das Taufbecken, das Glasfenster des heiligen Gilles und des heiligen Nikolaus (links vom Hauptaltar) und die **Pieta** in der Chorkapelle des rechten Kreuzflügels. Die sehr schö-

Die Kapelle La Madeleine in Malestroit.

ne **Kanzel mit den Sirenen** stammt vom Anfang des 17. Jahrhunderts. Das große Glasfenster, das ebenfalls dem heiligen Gilles geweiht ist, stammt aus dem Jahre 1900.

Zu beiden Seiten des Südportals wurden **romanische Skulpturen** von außergewöhnlicher Qualität in die Mauern eingelassen, die sicher von der Fassade aus dem 11. Jahrhundert stammten. Man beachte vor allem gekuppelte Kapitelle, einen berittenen Löwen (links) und einen Ochsen, der von einem Adler im Geison gestützt wird (rechts). Diese Tiere sollen die Evangelisten darstellen. Gegen 15 Uhr (Sonnenzeit) läßt der Schatten des Ochsen ein unerwartetes Profil an der Mauer erscheinen... das Voltaires! Wenn man nicht zum richtigen Zeitpunkt angekommen ist, kann man sich trösten, indem man eine Postkarte kauft.

Die Hochburgen des Morbihan

Die Kirche Saint-Gilles in Malestroit : Ausschnitt aus der Kanzel.

Malestroit : die Kirche Saint-Gilles.

Durch die Rue des Ponts erreicht man die Kanalufer, an denen man schöne Spaziergänge machen kann. Von der **Kapelle de La Madeleine**, die an der Straße nach Ploërmel steht, ist noch einen romanische Fassade erhalten geblieben, die von einem befestigten Mauerturm gekrönt ist (dessen Türmchen mit Kamm etwa im 17. Jh. erneuert wurde).

Pleucadeuc bei Malestroit ist vor kurzem zur Metropole der Zwillinge geworden (es gibt hier mehr davon als anderswo).

PLOËRMEL
12 km im S.O. von Josselin

Der Überlieferung zufolge wurde Plou-Armel (oder Plouarzel) im 6. Jahrhundert vom heiligen Armel gegründet, der aus Großbritannien gekommen war. Ohne zu zögern bot er mehr als einmal den Drachen des Waldes

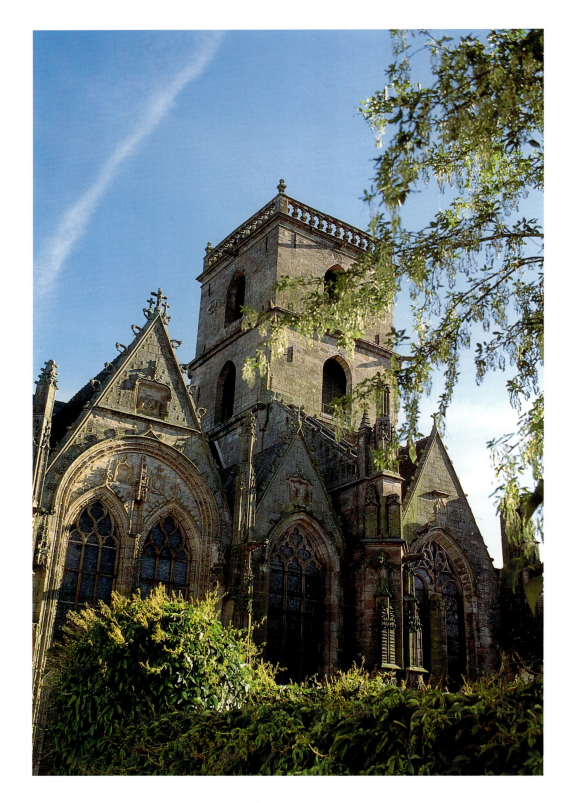

Die Hochburgen des Morbihan

von Brocéliande die Stirn. In der Kirche, die seinen Namen trägt, stellt man ihn dar, wie er eines dieser Tiere an seiner Stola führt. In diesen fernen Zeiten gab es viele solcher Ungeheuer in der Bretagne.

Mit der Gründung eines der ersten **Karmeliterkloster** (Rue du Val) im Jahre 1273 machte der Graf von Richemont es zu der frommen Stadt, die es noch war, als sich die Brüder Lamennais hier niederließen. Jean-Marie de Lamennais, der ältere Bruder Félicités gründete hier nämlich die Bruderschaft der christlichen Lehre, deren Haus **Place Lamennais** im Herzen der Stadt steht. Eines seiner Mitglieder, Bruder Bernardin, führte zwischen 1852 und 1855 die **astronomische Uhr** aus. Man zählt heute rund 1 500 Brüder (in 23 Ländern).

Nahe beim Place Lamennais ragt die **Kirche Saint-Armel** auf. Sie ist im spätgotischen und im Renaissance-Stil gehalten und steht an der Stelle eines Bauwerks aus dem 15. Jahrhundert, von dem bei ihrem Bau zwischen 1511 und 1602 ein paar Überreste eingebaut wurden (N.O.-Ecke). Darüber erhebt sich ein zweistöckiger quadratischer Turm (1733-1741), der von einem Balkon gekrönt ist. Die **Nordfassade** ist, wenn auch beschädigt, sehr reich an Bildhauerarbeiten. Über der Doppeltür und unter der Auflage des Hauptfensterkreuzes zeigen Figuren die Verkündigung, die Heimsuchung Mariens, die Geburt Jesu, die Ermordung der Unschuldigen Kinder, die Flucht nach Ägypten. In den Hohlkehlen der Fenster treten die Tugenden die Laster mit den Füßen, und am Widerlager auf der rechten Seite sieht man ein paar burleske Szenen aus der Renaissance. Die Bombardierungen im Jahre 1944 haben nur ein Renaissancefenster verschont: das **Glasfenster mit dem Baum Jesse** (16. Jh.).

In der **Rue des Forges** steht das ehemalige **Karmeliterkloster** aus dem 17. Jahrhundert (Kreuzgang). Hinten auf dem **Place d'Armes**, der sich auf die Apsis der Kirche Saint-Armel hin öffnet, steht ein alter Turm, ein Überrest der Stadtmauern aus dem 12. Jahrhundert. Am Ende der Rue Alphonse-Guérin gibt es noch einen Turm, auf den ein Kreuz steht. In der ehemaligen befestigten Stadt sind noch alte Häuser erhalten: das **Haus der Marmousets** (geschmückt mit Karyatiden von 1585) und gegenüber ein älteres Haus, das die Herzöge der Bretagne mit ihrem Besuch beehrt

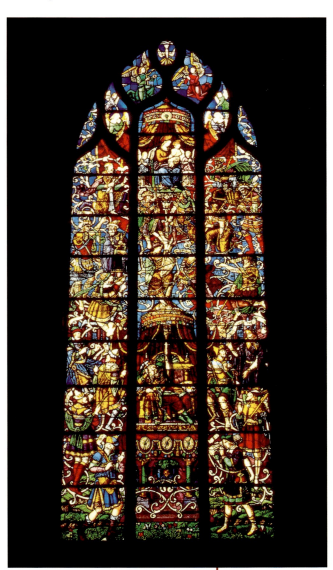

haben sollen. Diese beiden Wohnhäuser stehen in der Rue Beaumanoir, die ihren Namen vom Sieger der Schlacht der Dreißig bekommen hat (siehe Guillac). Zu dem **Schloß Malleville** im S.O. (18. Jh., umgebaut) gehört eine Kapelle von 1520 mit Glasfenstern aus derselben Zeit.

Der Baum Jesse.

Nebenstehend links, Ploërmel: die Kirche Saint-Armel.

Ploërmel: alte Häuser.

2,5 km weiter im N.W. an der Straße nach Loudéac liegt der **Étang au Duc** (Herzogsteich) (12 km Umfang), der auch Étang des Grands Moulins (Teich der großen Mühlen) heißt (hier gab es einst Mühlen, die den Herzögen der Bretagne gehörten).

Im N. des Teiches sieht man das **Schloß Loyat** (1718-1734), das Werk eines Sohnes dieses Landes, des Architekten Olivier Delourme (1660-1729).

Pontivy
22 km im S.W. von Loudéac

Diese Stadt an den Ufern des Blavet soll, so sagt man, auf einen Waliser Mönch, den heiligen Ivy zurückgehen. Wie es sich gehört schreibt die Überlieferung ihm den Bau der ersten Brücke über den Fluß zu (daher der Name Pont (Brücke)-Ivy, auf bretonisch Pondi). Ab

1485 gewinnt die Siedlung an Bedeutung, als Jean II. de Rohan hier ein mächtiges Schloß errichtet. In der darauffolgenden Zeit macht die reiche Familie de Rohan daraus ihre «Hauptstadt».

Im Jahre 1802 beschließt ein Dekret der Konsuln, die Unterpräfektur des Morbihan umzuändern, die bald Napoléonville genannt werden soll. Sie behält diesen Namen bis 1814... und nimmt ihn 1815 während der Hundert

Raoul de Navery
Nur wenige Romanschriftsteller werden noch über ein Jahrhundert nach ihrem Tode neu aufgelegt. Das ist aber der Fall bei einem jungen Mädchen aus Ploërmel, das seine Werke mit dem Männernamen Raoul de Navery zeichnete (1828-1885). Drei ihrer Romane, die zwischen 1875 und 1877 erschienen sind, sind immer wieder neu aufgelegt worden: *Patira, Le Trésor de l'abbaye* und *Jean Canada*. Es sind ihr übrigens rund hundert Titel zu verdanken.

Die Hochburgen des Morbihan

Tage und unter dem Zweiten Kaiserreich von 1852 bis 1870 wieder an. Im Sinne von Napoléon Bonaparte ging es darum, aus der Stadt einen verwaltungsmäßigen und militärischen Kern zu machen, um so dem neuen Regime die Möglichkeit zu geben, sich im Zentrum der Bretagne durchzusetzen, die der zentralen Macht damals entglitt. An der Verbindungsstelle des Nantes-Brest-Kanals – der damals geplant war – und des Blavet, der bis Lorient schiffbar gemacht wurde, sollte Napoléonville nach den Vorstellungen des Kaisers – der es nie besuchen kam, ein bedeutendes Verbindungszentrum werden.

Daher weist die Stadt zwei Viertel mit sehr unterschiedlichem Aussehen auf: im Norden steht die mittelalterliche Stadt, im Süden die Kaiserstadt. Die **neue Stadt** wurde von Pierre-Joachim Besnard, dem Generalinspektor des Tiefbauamtes, Guy de Gisors, dem großen Pariser Architekten und Gilbert de Chabrol, dem Unterpräfekten und späteren Präfekten des Departements Seine geplant. Die geradlinigen Straßen kreuzen sich im rechten Winkel und grenzen so, den Normen des klassischen Städtebaus entsprechend, gleichmäßige Häuserblöcke ein. Die lange Perspektive der Rue Nationale (die «rue Nat») stellt die Verbingung zur Altstadt her.

Im Mittelpunkt dieses kaiserlichen Viertels öffnet sich der Paradeplatz, der **La Plaine** heißt (Place Aristide-Briand). Im N. und S. wird er von dem Justizpalast und der Unterpräfektur begrenzt, die einander gegenüber stehen, während im W., zum Blavet hin, die Clisson-Kaserne auf monumentale Weise dieses Volumen schließt. Das Gymnasium Joseph-Loth wurde im Jahre 1806 eröffnet, aber die heutigen Gebäude – die an die Stelle eines ehemaligen Ursulinenklosters getreten sind – stammen im Wesentlichen aus dem Jahre 1885. Diese öffentlichen, zivilen und militärischen Gebäude sind gleichermaßen Bestandteile eines aufein-

> **Alain in Pontivy**
> Der junge Emile Chartier, der in der Literatur besser unter dem Namen Alain bekannt ist (1868-1951), hat sich in den Jahren 1892-1893 in Pontivy seine ersten Sporen als Gymnasiallehrer für Philosophie verdient. In diesen fernen Zeiten ließ das Unterrichten noch etwas Muße: Alain hatte nur drei Schüler... Dann wurde er an das Gymnasium von Lorient versetzt (1894-1900). Alain ist der Bretagne immer verbunden geblieben und hat in Le Pouldu ein Haus besessen.

Pontivy : das Schloß Rohan.

Die Kapelle Notre-Dame-de-la-Houssaye bei Pontivy : Ausschnitt aus dem Altaraufsatz.

Die Hochburgen des Morbihan

ander abgestimmten architektonischen Programmes, das dem neuen Raum angepaßt und dazu bestimmt ist, die Macht der zentralen Regierung zu beweisen. Das Ganze bildet ein seltenes Beispiel des Städtebaus vom beginnenden 19. Jahrhundert. Man beachte schließlich auch die **Kirche Saint-Joseph** (1869), eine schöne neugotische Ausführung.

Im N. drängt sich die mittelalterliche Stadt rund um den **Place du Martray**. Es gibt noch alte Wohnhäuser. Eines davon, das mit Wandpfeilern und einem Eckürmchen verziert ist (1578) diente der Familie Rohan als Jagdpavillon.

Die **Kirche Notre-Dame-de-Joie** (16. Jh.) im spätgotischen Stil ganz in der Nähe enthält einige interessante Stücke liturgischen Mobiliars. Der Altaraufsatz des Hauptaltars stammt aus dem Jahre 1697; jener in der Nordkapelle enthält eine Eichenstatue Unserer Lieben Frau der Freude. Die Turmspitze wurde 1886 hinzugefügt.

Nicht weit von der Kirche erinnert das **Denkmal der Föderation der Bretagne und des Anjou** daran, daß die Föderierten der beiden Regionen im Jahre 1790 in Pontivy zusammenkamen, um zu bekräftigen, daß sie «Franzosen und Bürger desselben Reiches» wären.

Vom Place du Martray schlägt man die Rue du Général-De-Gaulle ein und kommt bald zum **Schloß Rohan**, das der Stadt von der Familie Rohan verpachtet wurde. Die wuchtige Festung, die Ende des 15. Jahrhunderts von den Rohans erbaut wurde, hat ihren gesamten Festungsgürtel bewahrt. Jeden Sommer werden im Schloß Ausstellungen organisiert (das jedes Jahr 16 000 Besucher aufnimmt). In der Nähe steht ein Kulturzentrum.

Man sollte die Stadt nicht wieder verlassen, bevor man nicht einen Blick auf das Krankenhaus am **Ufer des Blavet** geworfen hat.

3 km weiter im O. steht die Kirche von **Stival** (16. Jh.), sie besitzt ein

Nebenstehende und rechte Seite : Quelven : aufklappbare Statue der Gottesmutter.

schönes Glasfenster aus dem Jahre 1552 (Baum Jesse).

3 km im S.O. von Pontivy, an der Straße nach Moustoir-Remungol, entdeckt man ein kleines, praktisch unbekanntes Juwel, die **Kapelle Notre-Dame de la Houssaye**. Mit ihrem Bau wurde 1438 begonnen. Man kann hier eine Gruppe des Martyriums der heiligen Appolina sehen, die wahrscheinlich aus der Picardie eingeführt wurde, sowie einen steinernen **Altaraufsatz** (16. Jh.) in dreizehn Tafeln.

6 km im N., an der Straße nach Mûr-de-Bretagne, steht in Neuillac die **Kapelle Notre-Dame-de-Carmès**, sie ist eine der reizvollsten dieser Gegend. Sie stammt im Wesentlichen aus dem 16. und 17. Jahrhundert.

QUELVEN
12 km im S.W. von Pontivy, in Guern

Die Gemeinde Guern besitzt eine Kirche, die nicht von großem Interesse ist, wogegen ihre sehenswerte **Kapelle Notre-Dame** im Weiler Quelven eine der geistigen Hochburgen der inneren Bretagne ist. Das Gotteshaus, das fest auf einem Hügel verankert steht, der die ganze Gegend beherrscht, ist beeindruckend, man kann es mehrere Meilen weit im Umkreis sehen.

Die Kapelle wurde wahrscheinlich Ende des 15. Jahrhunderts erbaut, mußte aber im 16. Jahrhundert vergrößert werden. In den Portalvorbauturm, der 1862 noch einmal wieder aufgebaut wurde – aber mit einem Stock weniger, ist eine spätgotische Fensterrose gebrochen, die von einer Turmspitze gekrönt ist. Die **Südseite** verfügt über fünf verschiedene Giebel und einen Portalvorbau, dessen Wölbungen mit Girlanden verziert sind; das Portal des südlichen Kreuzflügels zeichnet sich durch einen Giebel mit zwei

Die Hochburgen des Morbihan

Fenstern aus, es wird von einem Treppentürmchen flankiert.

Im Innern beachte man die Spitzbogen des Chores und des Querschiffs, die Fußschwellen des Hauptschiffes, zwei Glasfenster aus dem 16. Jahrhundert, eine Fregatte aus dem 18. Jahrhundert als Votivbild, die herrschaftliche Empore und ganz nahe daran ein Flachrelief aus Alabaster (Krönung der Mutter Gottes) aus dem 16. Jahrhundert. Die Orgel aus dem 17. und 18. Jahrhundert liegt in den letzten Zügen.

Die Bildhauerarbeiten umfassen eine **Gruppe mit dem heiligen Georg** und den heiligen Hervé mit seinem Wolf; aber das Juwel bildet eine **Flügelstatue** (15. Jh.) der Madonna.

Ganz nahe bei der Kapelle an der Südseite beachte man

Quelven : Ausschnitt.

Nebenstehend unten :
der Brunnen von Quelven.

eine Außenkanzel mit doppeltem Geländer (1738). 300 m unterhalb des Gotteshauses steht ein spätgotischer **Brunnen**. Der Weilen Quelven mit den alten Häusern aus Granit besitzt auch ein kleines **Museum**, das in der Hauptsaison geöffnet ist.

Auf dem Gebiet von Guern kann man auch zum **Herrenhaus von Mané-er-Val** oder Ménorval fahren (1557, ab 1971 mit viel Geduld restauriert).

ROCHEFORT-EN-TERRE
34 im im O. von Vannes

Dieses freundliche Städtchen – das eine der ersten Seigneurien der Bretagne war – verdankt seinen Namen den Grafen von Rochefort (12. Jh.). Es umfaßt nur 122 Hektar. Seine Stätte erinnert ein wenig an Gebirgslandschaften. Die Stadt ist nämlich auf einem Felsvorsprung gelegen, der die tiefen Schluchten der Täler des Arz und des Gueuzon überragt. Braune und rote Felsen tauchen aus dem Gehölz und der Heide auf, von denen sie umgeben ist.

Die Abgeschiedenheit Rocheforts machte es besonders geeignet für die Einrichtung einer Festung: die Rocheforts, die von dieser besonders günstigen Lage angetan waren, ließen auf dem Gipfel eines Hügels, der die Stadt überragte, im 13. Jahrhundert ein Schloß errichten.

Von der mittelalterlichen **Festung** gibt es noch ein paar Ruinen (Mauerflächen, Turmfundamente, unterirdische Gewölbe und ein befestigtes Tor). Von der Terrasse aus überblickt man das Tal des Gueuzon.

Die Hochburgen des Morbihan

Die Festung wurde von den Angehörigen der Heiligen Liga belagert und zum Teil zerstört (1594) und danach wieder aufgebaut (sie sollte später, im Jahre 1793 noch einmal verwüstet werden, diesmal durch einen Brand).

Das heutige Schloß ist der Arbeit eines amerikanischen Malers zu verdanken, Alfred Klots, der es nach dem Krieg von 1914-1918 restauriert hat, indem er architektonische Elemente der Renaissance verwendete, die insbesondere vom Herrenhaus Kéralio in Noyal-Muzillac stammten.

Die **Kirche** ist seit dem 12. Jahrhundert Notre-Dame (Unsere Liebe Frau) de la Tronchaye geweiht, aber das heutige Bauwerk stammt aus dem 16. und 17. Jahrhundert. Im Innern gibt es einen hölzernen **Lettner** (16. Jh.), eine Kommunionbank mit Baluster, Chorstühle aus Eiche (1592) und hinter dem Altar einen Altaraufsatz aus weißem Stein (1610), der den Abschluß des Chores bildete. Die Renaissancetür der Sakristei ist aus geschnitztem Holz. Auf dem Platz steht ein **geschnitztes Kreuz** aus dem 16. Jahrhundert.

Rochefort-en-Terre : das Schloß.

Rochefort-en-Terre : der blumengeschmückte Ort.

In den ehemaligen **Markthallen** in Hufeisenform sind heute das Rathaus und das Fremdenverkehrsamt untergebracht. In der Nähe auf dem Festplatz wurde im 16. Jahrhundert an der Stelle eines ehemaligen Priorats die **Kapelle Saint-Michel** errichtet. Die **Hauptstraße** ist von Granithäusern aus dem 17. Jahrhundert gesäumt. Eines davon ist von einem vorkragenden fünfeckigen Türmchen flankiert. Wenn man um die Kirche herumschlendert, kommt man durch die **Porte-Cadre**, sie ist ein Überrest der Stadtmauern, die im Mittelalter die Stadt schützten.

Saint-Congard im N. wurde an den Ufern des kanalisierten Oust erbaut. Hier hat man Werkzeuge gefunden, die aus dem Paläolithikum stammen sollen. Außerdem gibt es noch Überreste eines Klosters der Kamaldulenser (Orden des heiligen Romuald), das im Jahre 1672 gegründet wurde. Der **Mont Hersé** (76 m) nahe dabei bildet einen Aussichtspunkt über den östlichen Ausläufer des Heidegebietes von Lanvaux.

In **Limerzel** im S. erinnert die Kapelle des Temples (Ende des 14. Jh.) an den Hospitaliterorden des heiligen Johannes, der sie an der Stelle eines von den Templern im Jahre 1225 erbauten Gotteshauses errichtete. Das Herrenhaus Les Pinieux stammt aus dem 15. und 16. Jahrhundert.

Die Hochburgen des Morbihan

die Überlieferung, soll ein gewisser Gildas die britischen Inseln verlassen haben und nach Armorika gekommen sein. Er sucht auf Houat Zuflucht, um hier ein Leben zu führen, das ganz dem Gebet und den Studien geweiht ist. Bald sollte sich die Insel als zu klein erweisen, um alle seine Jünger aufzunehmen. Ein Herr des Landes vermacht ihm daher eine Domäne, die er auf der Halbinsel Rhuys besitzt. Gildas macht sie zu einem Kloster, dessen erster Abt er wird... Für die Historiker bleibt der Ursprung dieser Abtei jedoch unbekannt.
Im 10. Jahrhundert wurde das erste Kloster von normannischen Piraten geplündert. Im darauffolgenden Jahrhundert wurde die Abtei auf Wunsch Herzog Geoffrois I. von einem Mönch,

Das ehemalige Gefängnis von Saint-Gildas-de-Rhuys.

 Saint-Gildas-de-Rhuys
28 km im S. von Vannes

Die **Halbinsel Rhuys** ist wegen ihres milden Klimas berühmt. Sie war es einst wegen ihres guten Weines... und ihres Klosters. Ende des 5. Jahrhunderts, so sagt

Saint-Gildas-de-Rhuys : der romanische Chor.

Félix, wieder aufgebaut, der seiner Einsiedelei auf Ouessant entrissen wurde. Der berühmte Abälard kommt im 12. Jahrhundert für rund zehn Jahre hierher.

Im Jahre 1649 nahmen die Benediktiner von Saint-Maur diese Stätte in Besitz und restaurierten sie. Das Kloster wurde bis zum Vorabend der Französischen Revolution ihre Residenz. Es wurde im 18. Jahrhundert wieder aufgebaut, und heute sind darin eine Familienpension und ein medizinisch-pädagogisches Institut untergebracht.

In der **Kirche**, die im 17. Jahrhundert von den Benediktinern umgebaut wurde, sind einige Bestandteile der Abteikirche aus dem 11. und 12. Jahrhundert erhalten geblieben: der Chor, das Querschiff, Kapitelle und Grabstätten, darunter die des heiligen Gildas, der unter einem Grabstein hinter dem Hauptaltar ruht. Romanische Kapitelle sind zu Weihwasserbecken umgearbeitet worden. Das Kirchenschiff stammt aus dem 17. Jahrhundert. In der Sakristei gibt es einen bemerkenswerten **Kirchenschatz**. Einst berührten die Pilger die Reliquienschreine aus Silber und Vermeil, in denen die

Reliquienschrein.

Die Hochburgen des Morbihan

Reliquienarm.

Der Pardon von Sainte-Anne-d'Auray.

Gebeine des heiligen Gildas ruhen. Das Gotteshaus wurde zum Teil zwischen 1699 und 1705 von Olivier Delourme wieder aufgebaut; der schwere Turm stammt aus dieser Zeit.

Diejenigen, die die Freuden der See vorziehen, können zur **Landspitze von Port-Maria**, an den **Strand von Les Gohvelin** oder an die **Landspitze von Grand-Mont** fahren.

SAINTE-ANNE-D'AURAY
16 km im W. von Vannes

Die Wallfahrt von Sainte-Anne-d'Auray am 25. und 26. Juli ist das bedeutendste religiöse Treffen der Bretagne. Man kommt von weit her, um die Mutter der Muttergottes und die Mutter der Bretonen anzurufen. Denn – das behauptet eine Legende – Anna wurde in Armorika geboren.

Im Jahre 1623 – mitten im Jahrhundert der religiösen Erneuerung – erscheint sie Yves Nicolazic, einem Bauern aus dieser Gegend, zum ersten Male. Bald

befiehlt sie ihm auf Bretonisch, ein Gotteshaus zu erbauen, das an die Stelle einer Kapelle treten soll, die einst von den Barbaren zerstört wurde. Nicolazic stößt auf die Skepsis der Geistlichkeit. Am 7. März 1625 macht ihm eine seltsame Fackel Zeichen, ihr zu folgen. In Begleitung von ein paar Nachbarn kommt Nicolazic auf das Feld von Boceno. Man beginnt zu graben und findet bald eine alte Statue.

Schließlich übernimmt der Klerus die Wallfahrt. Die Monarchie interessiert sich ebenfalls dafür (Ludwig XIII. und seine Gemahlin Anna von Österreich schenken sogar Reliquien). Der Karmel errichtet in der Nähe ein **Kloster**; das ist der einzige Überrest aus dem 17. Jahrhundert (die wundersame Statue ist im Jahre 1790 verbrannt).

Der Pardon von Sainte-Anne-d'Auray.

Die Hochburgen des Morbihan

SUSCINIO

22 km im S.O. von Vannes, in Sarzeau

Diese beeindruckende Festung (13.-16. Jh.), einen Steinwurf weit vom Atlantik entfernt, war eine der Residenzen der Herzöge der Bretagne. Wie es heißt, war es Pierre von Dreux, Mauclerc genannt, der zu Beginn des 13. Jahrhunderts an der Stelle eines ehemaligen Klosters mit ihrem Bau begann. Sein Sohn Jean I. der Rothaarige und dann sein Enkel Jean II. setzten die Arbeiten fort.

Nach dem Erbfolgekrieg der Bretagne wird Suscinio schwer vom Schicksal geschlagen, als Bertrand Du Guesclin im Namen des Königs von Frankreich die englische Garnison daraus vertreibt (1373). Nachdem Jean IV. von Montfort sich – mit der Unterstützung der Engländer – erneut zu seinem Herrn gemacht hat, restauriert er die Festung. Sie war eine der bevorzugten Residenzen Jeans V. des Weisen.

Die ursprüngliche Kapelle ist ebenfalls verschwunden, und man mußte in den Jahren 1866-1873 eine geräumige Basilika erbauen. Sie Scala Sancta stammt aus derselben Zeit. Die meisten Bauwerke gehen also erst auf das Ende des 19. und das 20. Jahrhundert zurück.

Suscinio : der Konnetabel Olivier de Clisson.

Das Schloß Suscinio.

Die Kurtinen, die einst von acht Türmen flankiert wurden (es gibt noch sieben davon), fassen einen weitläufigen Hof ein. Das Schloß hat im Laufe der Jahrhunderte teilweise Restaurierungen erfahren. Die Eingangsfassade (im O.) stammt aus dem 14. Jahrhundert; die N.O.-Fassade aus dem 13. Jahrhundert (sie ist die älteste). Der **Tour Neuve** (Neuer Turm) stammt aus dem 15. Jahrhundert.

Das Schloß Suscinio, das im Jahre 1965 vom Departement Morbihan gekauft wurde, wird zur Zeit restauriert und als **Museum** eingerichtet. Im Jahre 1975 haben die Arbeiten die Überreste einer äußeren Kapelle zutage gefördert, die über ein herrliches **mittelalterliches Pflaster** mit figurengeschmückten Kacheln verfügt (Ende 13.- Anfang 14. Jh.).

Le Tour-du-Parc im O. ist seit 1865 eine Gemeinde. Austernbänke und Muschelbänke sind an die Stelle der Salzgärten von früher getreten. Der seltsame Name Tour-du-Parc (Parkumgang, auf Bretonisch An Tro Park) soll eine Anspielung auf dem Umweg sein (tro), den die Einheimischen einst gehen mußten, um die weitläufige Domäne (Park) der Herzöge der Bretagne zu umgehen.

114

Die Hochburgen des Morbihan

Der Baum Jesse in La Trinité-Porhoët.

Suscinio im 19. Jahrhundert.

La Trinité-Porhoët

20 km im S.O. von Loudéac

Die **Kirche von La Trinité** geht auf das Jahr 1050 zurück. Da sie auf einem schieferhaltigen Gelände von starkem Gefälle erbaut wurde, mußte sie oft umgebaut, gestützt und restauriert werden. Diese Arbeiten haben aber die auffallende Asymmetrie ihres Kirchenschiffs nicht verhindern können. Einige Bestandteile sind romanisch: die Anlage des Bauwerks, die nördliche Abseite, Verbindungsbogen zwischen den Kreuzflügeln und den Seitenschiffen. Die südliche Abseite dagegen ist im

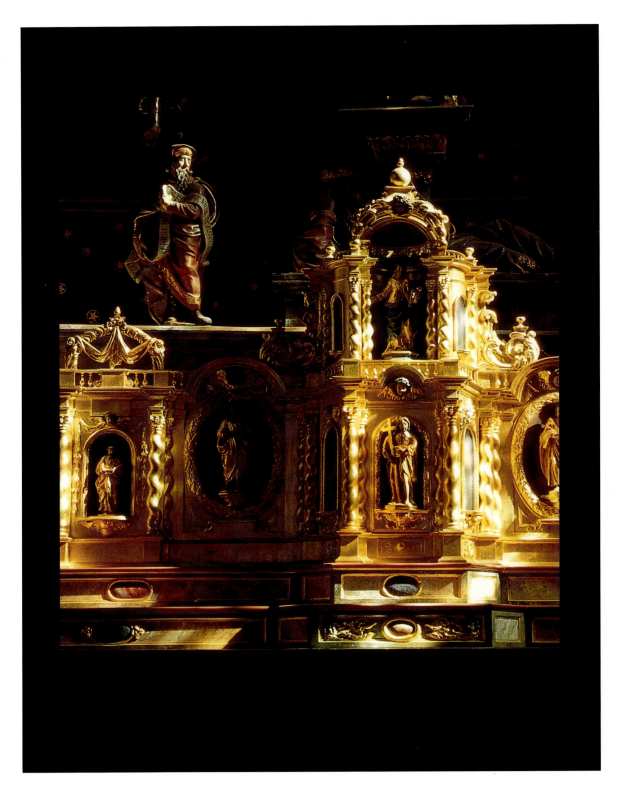

Die Hochburgen des Morbihan

Spitzbogenstil (13. Jh.) gebaut. Im Innern beachte man den ausgedehnten **Altaraufsatz** in der Chorapsis (Baum Jesse, 17. Jh., siehe Ploërmel, das mit Eckfiguren geschmückte Taufbecken), die Statue Notre-Dame-de-la-Clarté (Unsere Liebe Frau von der Klarheit) und einen ergreifenden **liegenden Christus** (16. Jh.).

Der nördliche Portalvorbau ist spätgotisch (15. Jh.). Die **Ostfassade** hat vier Widerlager. Ihr Portalvorbau – über dem sich ein Geison mit volutenförmigen Konsolen erhebt – stammt aus den letzten Jahren der Spätromanik; Rundbogenwölbungen, mit Früchten, Pflanzen und menschlichen Wesen verzierte Kapitelle (von denen sich einige das Kinn halten). Aber die Doppeltür mit Giebelbogen mit einem Ochsenauge mit drei Kleeblättern trägt bereits das Merkmal der Gotik und verrät normannischen Einfluß.

Die letzte Restaurierung des Gotteshauses (1977-1979) hat verschiedene alte Bestandteile zutage gefördert, darunter die Sockel der Säulen, hohe Fenster und gleichseitige Spirtzbogenarkaden an der Nordseite des Chores.

In **Mohon** (im S. von La Trinité), am Ort mit dem Flurnamen Bodieu, stehen die Überreste einer mittelalterlichen Festungsanlage, die «Camp des rois» (Lager der Könige» genannt. Diese Stätte wird gerade wieder hergerichtet. Im Flecken, der Kirche gegenüber, bemerkt man die geschnitzte Tür (1653) eines alten Hauses.

Nebenstehend links :
La Trinité-Porhoët : Ausschnitt aus dem Altaraufsatz.

Suscinio : mittelalterliche Pflasterung.

VANNES
56 km im O. von Lorient

Vannes (Gwened in der Vanneteser Mundart), die Präfektur des Morbihan, die Verwaltungsstadt, Sitz eines Bischofs, Industriestadt, ist einem Wort Jean de la Varendes zufolge «*eine unbekannte und charmante Stadt (...), deren Reiz eine Offenbarung ist*». Und tatsächlich hält sie für den Liebhaber alter Steine und Spaziergänge viel Möglichkeiten zur Entdeckung bereit.

Schiffsjunge von Séné
(Sammlung Nelson Cazeils).

Nebenstehend rechts, Vannes : der Place Saint-Pierre.

Die Stadt ist in der Form eines Amphitheaters erbaut, am Nordende einer Flußmündung, die sich in den Golf von Morbihan ergießt. Zwei dünne Wasserläufe vereinigen sich hier im S., um den Hafen von Vannes zu bilden, der heute ein Dock umfaßt. Die Stätte ist hügelig, aber nicht sehr hoch über dem Meeresspiegel (22 Meter). Die Anwesenheit von Menschen seit der Jungsteinzeit ist erwiesen.

Ihr Name ist von dem gallischen Stamm der Veneter abgeleitet, der an den Ufern des Golfs ansässig war, als Julius Cäsar die Region eroberte. Eine berühmte Schlacht stellte damals im Jahre 56 die Römer den Venetern gegenüber.

Genau genommen wissen wir nur wenig über die Veneter. Ihr Geld ist wohlbekannt, aber die Historiker sind sich nicht ganz sicher, ob ihre Hauptstadt Darioritum in Vannes selbst oder in der Nähe gelegen hat. Sie kennen auch nicht die genaue Ausdehnung ihres Gebietes, man nimmt aber an, daß es ungefähr die Zone zwischen der Ellé und der Halbinsel Guérande bedeckte. Ihr Reichtum beruhte sowohl auf der Macht ihrer Flotte, als auch auf dem Handel (Salz, Garum, Zinn).

Bereits vom 2. und 3. Jahrhundert an wird die Civitas Venetis eine bedeutende Siedlung. Da sie günstig am Golf von Morbihan gelegen ist, genießt sie eben-

Die Hochburgen des Morbihan

Vannes : der Place Henri-IV.

falls eine vorteilhafte Lage am Straßennetz jener Zeit. Im 4. Jahrhundert errichten die Römer in Vannes die ersten Befestigungsanlagen. Dann lernt die Stadt verschiedene Eroberer kennen. Darunter die Bretonen, die sich zu einem unbekannten Zeitpunkt in dieser Gegend niederlassen.

Ein gewisser Patern – über den es mehr Legenden als historische Dokumente gibt – war gegen Mitte des 5. Jahrhunderts einer der ersten Bischöfe von Vannes. Er wird jedenfalls als einer der Gründer des bretonischen Vaterlandes angesehen.

Vannes wird also schon früh eine Bischofsstadt, und sie war es, die danz selbstversändlich von Nominoë zur Hauptstadt erwählt wurde. Sie wird schon bald von Nantes verdrängt. Von da an verläuft ihre Geschichte unauffälliger und vermischt sich mit der der Bretagne.

Die Altstadt von Vannes

Zu Beginn des 18. Jahrhunderts verliert Vannes zugunsten des Hafens Lorient, seines jungen Rivalen, wo sich die Ostindische Kompanie niedergelassen hat, an Bedeutung. Lorient soll schon bald mehr Einwohner zählen als Vannes, und der Abstand in der Bevölkerungszahl soll lange Zeit immer größer werden. Zur Zeit kann man jedoch einen gewissen demographischen Aufschwung feststellen (heute 52 000 Einwohner gegenüber 40 359 im Jahre 1975).

Gleichzeitig verliert der Hafen von Vannes – der im 17. Jahrhundert noch sehr aktiv war – nach und nach an Bedeutung. Zwar bestätigt die Französische Revolution die wesentliche historische Rolle von Vannes, da es zur Hauptstadt des Departements Mobihan gewählt wird. Die folgenden Jahrzehnte sollen aber zeigen, daß Vannes in erster Linie ein Zentrum der Verwaltung, der Religion (Bistum, Priesterseminar, Privatschulen, verschiedene Kongregationen) und der Armee ist (denn Vannes ist Garnisonsstadt, und das **Camp von Meucon** liegt 8 km weiter im Norden). Man mußte bis zum Beginn der letzten sechziger Jahre warten, um zu sehen, wie sich hier große Industrien ansiedelten (Michelin, 1962). Dadurch verändert sich das Gesicht dieser alten Stadt allmählich, die im Wesentlichen jedoch die Stadt des tertiären Sektors bleibt: öffentliche Dienste, Transport, Handel. Die Bildung spielt auch eine Schlüsselrolle und ist ein großer Trumpf, ohne den Vannes vielleicht dahinsiechen würde: Technologisches Universitätsinstitut (Betriebswirtschaft und Verwaltung, Statistiken), Pädagogische Hochschulen, Gymnasien und Mittelschulen...

Zur Besichtigung Vannes kann man vom **Hôtel de Limur** (gegen 1660), im N. der Rue Thiers ausgehen, wo das Fremdenverkersamt und das Austernmuseum untergebracht sind. Dann erreicht man den Place Maurice-Marchais. Um dieses Viereck herum ist ein wichtiger Teil des städtischen Lebens angeordnet. Das **Rathaus** im W. ist ein Gebäude aus der Neurenaissance von 1886.

An der Nordseite des Platzes steht das **Kolleg**, das im Jahre 1886 an der Stelle der Anstalt steht, die 1577 gegründet wurde (École Saint-Yves) und 1631 an die Jesuiten überging.

Arthur de Richemont, der ein Gefährte Jeanne d'Arcs war, bevor er

Die Hochburgen des Morbihan

im Jahre 1457 Herzog der Bretagne wurde, nimmt seit 1905 dem Rathaus gegenüber die Haltung eines Reiters ein (Bronzestatue von Leduc). Die Rue Émile-Burgault, die dem Rathaus gegenüber in den Platz einmündet, verfügt am Ende einer Sackgasse über das **Hôtel du Gouverneur** (herrschaftliches Stadthaus des Gouverneurs, 1655) und man gelangt durch sie zum **Place Henri-IV**, der von Häusern mit vorspringenden Stockwerken aus dem 16. Jahrhundert gesäumt ist. In der **Rue Saint-Salomon** schmücken ein Kaninchen (an der Nr. 10) und Fabeltiere (Nr. 13) die Fassaden der Wohnhäuser aus dem 16. Jahrhundert. Die **Rue des Halles**, die an den Platz grenzt, besitzt weitere Fachwerkhäuser und **La Cohue** (das Gewühl) mit Kompositarchitektur (aber einige Teile stammen aus dem 14. Jh.), wo viele Jahrhundert hindurch die Kaufleute ihre Läden hatten. Hier ist ein Museum der Schönen Künste untergebracht.

An der Ecke der Rue Noé lachen **Vannes und seine Frau**, brave Bürger mit vergnügter Miene, die Besucher aus. Flaubert grüßte sie im Jahre 1846. In derselben Straße sollte man das **Château-Gaillard** besichtigen. Dieses Herrenhaus vom Anfang des 15. Jahrhunderts war von 1456 bis 1532 der Sitz des Parlaments der Bretagne; heute ist darin ein **archäologisches Museum** untergebracht. Die interessantesten Sammlungen dieses Museums stammen aus der Urgeschichte. An der Nr. 17 des Place Valencia gibt es ein Haus von 1574 mit einer Statue des heiligen Vinzenz Ferrer, die in einer Nische der Fassade steht. Der spanische Dominikanerprediger, der zwischen 1417 und 1419 in dieser Region predigte, ist in der **Kathedrale Sainte-Pierre** beigesetzt, auf die wir stoßen, wenn wir ein paar Schritte zurückgehen. Dieses Gotteshaus ist zum großen Teil in der Spätgotik neu erbaut und im 19. Jahrhundert restauriert worden. Von den Anfängen (13. Jh.) gibt es noch den **Turm** im N. der Fassade; in der Zeit der Romantik bekam er seine Spitze. Das Kirchenschiff stammt aus den Jahren 1450-1476, der Chor ist von 1774. Die runde Sakramentskapelle (1537) birgt die Grabstätte Vinzenz Ferrers und enthält einen

Rathaus : das Wappen von Vannes.

Wandteppich von 1615, der das Leben des spanischen Heiligen aufzeigt. Man beachte auch das Orgelgehäuse (1742) und den **Kirchenschatz**. Im Kapitelsaal (1782) sind alte liturgische Goldschmiedeteile zusammengetragen, insbesondere eine äußerst seltene, mit Malereien verzierte **Hochzeitsruhe** aus dem 12. Jahrhundert.

Wenn man durch das spätgotische Nordportal (1514) ins Freie tritt, kann man durch die Rue des Chanoines durch die **Porte-Prison** (Anfang 15. Jh.) zur **Kirche Saint-Patern** gehen (1727), die von dem Architekten Olivier Delourme erbaut wurde, sie besitzt zehn

---

Ein paar berühmte Söhne aus Vannes

Vannes ist die Geburtsstadt des Historikers Pierre de la Gorce (1866-1936), von Emmanuel Desgrées du Loup (1867-1933) - einem der Gründer der Tageszeitung L'Ouest-Eclair -, des Schriftstellers Louis-Martin Chauffier (1896-1980), des Filmemachers Alain Resnais (1922) und des Anthropologen Yves Coppens (1936), der Professor am Collège de France ist.

Der Domschatz : Hirtenstab aus Elfenbein. Rechts, Museum de la Cohue : Madonna mit Kind.

Der Hafen.

Nebenstehend links : alter Seebär (Sammlung Nelson Cazeils).

Altaraufsätze aus dem 18. Jahrhundert. Im Vorübergehen beachte man in den benachbarten Straßen (Rue Saint-Gwénaël und Rue de la Bienfaisance) manchmal verzierte mittelalterliche Häuser. Wenn man die Rue Fontaine und die Rue Alain-Le-Grand hintergeht, kommt man an der ehemaligen Präfektur (1866) vorbei, und geht dann weiter zu den **Stadtmauern**, die von einem hübschen Garten gesäumt sind. Die Mauer, die von ihrer Verteidigungsanlage gekrönt ist, verfügt noch über Fragmente eines römischen Baues (4. Jh.). Zwei Türme sind zu sehen: der **Poudrière** (Pulverturm, 16. Jh.) und der höchste, der **Tour du Connétable** (Konnetabel-Turm, 14.-15. Jh.).

Diesem Abschnitt der Befestigungsanlagen gegenüber gibt es noch auf der anderen Seite der Rue Le-Pontois die **Promenade de la**

Die Hochburgen des Morbihan

Garenne, wo 22 Chouans erschossen wurden.

Wenn man die Stadtmauern entlang geht, entdeckt man ein herrliches **Waschhaus** (17.-18. Jh.), das an dem Bach Rohan gelegen ist, sowie die **Porte Poterne**, die 1680 geöffnet wurde. Dann kommt man in das **Hafen**viertel (das Tor Saint-Vincent aus dem Jahre 1704 ist auf der rechten Seite zu sehen). Am Rande des Beckens fehlt es nicht an alten Häusern. Der **Place Gambetta** in der Nähe des östlichen «Grand Canal» ist im Sommer einer der angenehmsten Plätze der Stadt.

Die anspruchsvolle **Schule Saint-François-Xavier**, die 1850 gegründet wurde, steht unten in der Rue Thiers, im W. des Hafens. Sie steht an der Stelle, wo sich einst ein Ursulinenkloster befand, von der es noch den Bau gibt, der die Kapelle war (1690). Die Anstalt wurde von 1850 bis 1987 von Jesuiten geführt; sie hatten zuvor, von 1631 bis zur (vorläufigen) Aufhebung ihres Ordens im Jahre 1792 die Schule Saint-Yves geleitet.

Um in die Stadtmitte zurückzukommen, geht man durch die Porte Saint-Vincent und schlägt dann die **Sackgasse La Tour Trompette** ein, die zu einem auf den Stadtmauern angelegten Garten führt. Von dort aus erreicht man die Rue Thiers durch die Rue Le-Hellec, außer, wenn man lieber den Hafen durch die Rue du Port verlassen möchte, nachdem man das ehemalige bischöfliche Palais (17. Jh.) gesehen hat, das heute Kulturzentrum ist. Vom Place Maurice-Marchais gelangt man durch die Rue Thiers und die Rue de l'Abattoir zum **Palais des Arts** (Kunstpalast, 1971) des Malouiner Architekten Henry Auffret. Liebhaber moderner Architektur können sich auch das **Gebäude des Crédit Agricole** (1976) in der Avenue de Kéranguen, an der Straße nach Auray ansehen. Es ist ein Werk von Génin, Lamourec, Morin und Mahrange. Liebhaber von Fischen werden nicht versäumen, das sehenswerte Ozean- und Tropen-**Aquarium** zu besichtigen (Richtung Conléan).

Vannes : der Turm des Konnetabels.

KURZGEFASSTE BIBLIOGRAPHE

- BARRIER (M.-F.) et OGIER (M.). - *Vannes*, Editions Ouest-France, 1987.
- BENFERHAT (K.). - *Le Canal de Nantes à Brest*, Editions Ouest-France, 1995.
- BOSC (J.-P.). - *Houat et Hoëdic*, Editions Ouest-France, 1997.
- BOSC (J.-P.). - *Belle-Ile-en-Mer*, Editions Ouest-France, 1995.
- BROSSE (J.), rédacteur en chef. - *Dictionnaire des églises de France*, tome IV, Laffont, 1968.
- BUFFET (H.-F.). - *En Bretagne morbihannaise*, Arthaud, Grenoble, 1948.
- CHARDRONNET (J.). - *Histoire de la Bretagne*, Nouvelles Editions Latines, 1965.
- DANIGO (J.). - *Eglises du Morbihan*, Nouvelles Editions Latines, s.d.
- DERRIEN (P.). - *Art gothique en Bretagne*, Editions Ouest-France, 1982.
- DERVENN (C.). - *Secrets et gloires du Morbihan*, France-Empire, 1970.
- GIOT (P.-R.). - *Les Alignements de Carnac*, Editions Ouest-France, 1983.
- GRAND (R.). - *L'Art roman en Bretagne*, Editions A. et J. Picard, 1958.
- HUCHET (P.). - *La Presqu'île de Rhuys*, Editions Ouest-France, 1997.
- HUITOREL (J.-M.). - *Kernascléden*, Editions Ouest-France, 1996.
- LESACHER (A.-F.). - *Le Pays d'Auray*, Editions Ouest-France, 1989.
- LE DORZE (J.) et HUCHET (P.). - *Sainte-Anne-d'Auray*, Editions Ouest-France, 1996.
- MAUFFRET (Y.). - *Le Golfe du Morbihan*, Editions Ouest-France, 1977.
- MONMARCHE (G.). - *Bretagne, Guide bleu*, Hachette, 1972.
- MOSSER (F.). - *Châteaux du Morbihan*, Nouvelles Editions Latines, s.d.
- MUSSAT (A.). - *Arts et cultures de Bretagne, un millénaire*, Editions Ouest-France, 1995.
- OGEE (J.-B.), MARTEVILLE (A.) et VARIN (P.). - *Dictionnaire historique et géographique de la province de Bretagne*, 2ᵉ éd. Milliex, Rennes, 1843 ; réédition Joseph Floch, Mayenne, 1979.
- PELLETIER (Y.). - *Les Jubés bretons*, Editions Ouest-France, 1986.
- RENOUARD (M.) et MERRIEN (N.). - *Saints guérisseurs de Bretagne*, Editions Ouest-France, 1994.
- ROYER (E.). - *Nouveau guide des calvaires bretons*, Editions Ouest-France, 1985.
- SIMON (M.). - *Vannes*, Editions Ouest-France, 1977.
- TAL HOUARN. - *Aimer Vannes et le golfe*, Editions Ouest-France, 1988.
- WAQUET (H.). - *L'Art breton*, 2 tomes, Arthaud, Grenoble, 1933.

In unserem *Guide du Morbihan* (1983) und unserem *Nouveau Guide de Bretagne* (Ouest-France, 1988) findet der Leser eine ergänzende Bibliographie.

Ich möchte an dieser Stelle denen danken, die im Jahre 1976 meine ersten Mitarbeiter über das Morbihan waren: Serge Duigou, Annie-Laurence Morel, Jean-Yves Ruaux, Bruno Sourdin, Jacques Triquet und vor allem Pierre Derrien, dessen Vorschläge, Kritiken und Ratschläge sehr wertvoll für mich gewesen sind.

M.R.

INHALTSVERZEICHNIS

Vorwort	7
Der Ruf der See...	13
Arzon	13
Belle-Ile-en-Mer	14
Billiers	18
Damgan	18
Étel	19
Golfe du Morbihan	20
Groix	23
Houat et Hoëdic	24
Ile aux Moines	25
Lanester	26
Larmor-Plage	27
Locmariaquer	29
Lorient	29
Port-Louis	31
Presqu'île de Quiberon	32
La Roche-Bernard	34
Sarzeau	36
Theix	37
Das innere Morbihan...	39
Allaire	39
Ambon	39
Auray	40
Baud	41
Bieuzy-les-Eaux	42
Bignan	42
Brech	43
Bréhan	45
Bubry	45
Callac	46
Camors	46
Cléguérec	47
Coëtquidan	48
Elven-Largoët	49
La Gacilly	49
Gourin	50
Guégon	51
Guéméné-sur-Scorff	51
Guénin	51
Le Guerno	52
Guillac	52
Inzinzac-Lochrist	53
Landes de Lanvaux	53
Lanvénégen	55

Inhaltsverzeichnis

Locminé	56
Melrand	56
Merlévenez	56
Montagnes Noires	58
Noyal-Pontivy	58
Forêt de Paimpont	59
Ploërdut	62
Plouay	62
Pluméliau	63
Plumergat	64
Plunéret	64
Pluvigner	65
Pontcallec	66
Priziac	66
Forêt de Quénécan	67
Questembert	68
Radenac	69
Rieux	69
Rohan	69
Saint-Avé	70
Saint-Servant-sur-Oust	72
Sérent	72
Taupont	73
Trédion	73
La Vraie-Croix	75

DIE HOCHBURGEN DES MORBIHAN... 77

Carnac, Erdeven, Plouharnel	77
Le Faouët	82
Guéhenno	84
Hennebont	86
Josselin	88
Kernascléden	91
Langonnet	94
Malestroit	94
Ploërmel	97
Pontivy	100
Quelven	104
Rochefort-en-Terre	106
Saint-Gildas-de-Rhuys	109
Sainte-Anne-d'Auray	111
Suscinio	113
La Trinité-Porhoët	115
Vannes	118

BIBLIOGRAPHIE 125

Reetgedecktes Haus in Bubry.

Vom selben Verfasser (Auswahl)

Romane
Lumière sur Kerlivit, 1964, 2e éd. 1988.
Le Chant des adieux, 1976, 2e éd. 1979 (épuisé).
Le Requin de Runavel (avec J.-F. Bazin), 1990.
La Java des voyous, 1996.
Les Castrats de Bombay, 1997.

Literaturkritik
Robert Ruark (1915-1965), journaliste et romancier : l'échec d'une réussite, thèse de doctorat d'Etat, 1986.
La Littérature indienne de langue anglaise, 1997.

Wissenschaftliche Zeitschriften (Verl.)
Les Cahiers du Sahib, depuis 1993.

Verschiedene
Art roman en Bretagne, 1977, 3e éd. 1985.
Marco Polo, 1990.
Aimer l'Ille-et-Vilaine, 1990.
Aimer Saint-Malo et la Côte d'Emeraude, 1991.
Dictionnaire de Bretagne (avec N. Merrien et J. Méar), 1992.
Guide Bretagne, 1993.
Aimer la Bretagne, 1993.
Saints guérisseurs bretons (avec N. Merrien), 1993.
L'Inde, 1994.
Civilisation de la Bible, 1995.
Aimer le Finistère, 1996.
Aimer le Poitou-Charentes, 1996.
La Bretagne, 1996.

Cartographie : AFDEC, Paris

Die Zeichnungen und Stiche stammen aus dem Werk *Le Littoral de France* von V. Vattier d'Ambroyse. Paris : Verlag Sanard und Dérangeon, 1892.

Einbandseiten
Erste Einbandseite : Merlévenez, der Fluß Etel - Das Land Lanvaux - Die Alignements von Kermario
Der Hafen von Sauzon auf Belle-Ile-en-Mer - Notre-Dame-de-la-Fosse in La Chapelle-Neuve
Letzte Einbandseite : Notre-Dame-de-la-Houssaye in Pontivy

Cet ouvrage a été imprimé par Pollina à Luçon (85) - N° 74197-B
ISBN : 2 7373 2386 - Dépôt légal : avril 1998 - N° d'éditeur : 3774.01.02.04.98